KB199520

가난한 자는
　　　복福이 있나니

김우현 다큐북 팔복 1_ 맨발천사 최춘선

가난한 자는
복福이 있나니

김우현 지음

규장

심령이 가난한 자는 복이 있나니 천국이 저희 것임이요.

마태복음 5장 3절

차례

맨발을 만나다

이 노인의 정체는 무엇일까.

문득 뜬금없는 궁금증이 엄습해왔다.

노인은 갑자기 자리에서 일어났다.

그리고 지팡이를 짚더니

중대한 사명을 앞둔 선지자처럼 거침없이 앞으로 나아갔다.

순간 범접하지 못할 기운을 느꼈다.

다시 노인을 찍으며 뒤따라갔다.

이젠 광인을 찍는 것이 아니다.

노인이 지닌 그 당당한 풍모의 기운에 밀려가는 기분이 들었다.

1

바람이 불었다.

잿빛 하늘 때문일까… 5월인데도 약간 스산하다.

"인생은 어느덧 지나간다. 그러니까 견딜 만하다."

누구의 말인지는 모르나 불현듯 이 말이 바람결에 스치었다.

어디로 가야 하나….

석류처럼 진한 한숨이 토해졌다.

나에겐 분명히 갈 길이 있다.

난 지금 일을 하러 가는 것이다.

새벽에 방송되는 라디오 프로그램에 에세이를 쓰고

심야의 음악방송에도 글을 쓴다.

나는 그 일을 하러 가는 중이다.

그런데 어디로 가야 하나 멈칫 망설이고 있는 나를 보았다.

마을버스는 그 가벼움 때문인지

휘청휘청 흔들리면서 중심을 잡으려 애쓴다.

맨 뒤켠에 몸을 내던지고 습관처럼

가방에서 비디오카메라를 꺼냈다.

2

혼들리는, 손때 묻은 손잡이들을 찍었다.

이미 여러 번 찍었던 그 손잡이를 습관처럼

또 찍는 나를 물끄러미 본다.

먼지 낀 차창에 비친 얼굴이 흐릿하다.

그 흐릿한 나를 찍는다.

그 너머 전봇대들이 휙휙 지나간다.

윙윙 우는 것 같다.

'울지마… 안 울어도 세상은 충분히 슬퍼…'

의미 모를, 약간은 유치한 문장이 함께 휘익 지나간다.

전봇대와 그 의미 모를 문장을 함께 찍는다.

그렇게 조합된 이미지들이 오늘의 내 영화다.

그리고 그 제목은 〈거미일지日誌〉다.

그 때 김수영의 시 '거미'를 내 비망록에 새기고 다녔다.

내가 으스러지게 설움에 몸을 태우는 것은

내가 바라는 것이 있기 때문이다.

그러나 나는 그 으스러진 설움의 풍경마저 싫어진다.

나는 너무나 자주 설움과 입을 맞추었기 때문에

가을바람에 늙어가는 거미처럼 몸이 까맣게 타버렸다.

김수영은 이 시를 1954년 10월 5일에 썼다.

"나는 너무나 자주 설움과 입을 맞추었기 때문에…."

그리고 10월 5일, 1954년의 그 서러움에

입을 맞추던 가을날을 자꾸만 생각해보았다.

나는 그 날을 살아보지 못했다.

하지만 그 날은, 그리스도께서 가을날 변방에 우두커니 서 계신

루오Georges Rouault의 그림을 떠오르게 했다.

황혼이다.

어느 고독한 선지자의 서러운 결심이 스민,

그러나 막막한 평온이 감싸는 적요寂寥다.

밤마다, 그 풍경을 들여다볼 때마다 그리로 들어가고 싶었다.

그것은 그리움이기도 하고 아련함이기도 했다.

그리하여 내 비망록과 영화는

10월 5일에 첫 문장을 쓰고 크랭크 인을 했던 것이다.

1994년 10월 5일, 그 날은 황혼이 붉었다.

그 날에 〈거미일지〉를 처음 적고 찍었다.

손바닥에 새겨진 운명선처럼

지워지지 않는 처음, 시작인 것이다.

그 날 황혼녘에 남한산성에 올라 기도했다.

'거미처럼 남이 눈치채지 못하도록 음습한 모퉁이에서 살되

누군가에게 의미가 되는 존재들을 만나게 하소서.'

그것은 거미가 일그러져 사람들로 피하게 하는 외모지만,

해충들을 잡아먹어 인간 존재에게 공치사 않는,

유익을 준다는 것에서 착상한 의미였다.

실제로 거미가 잡아먹는 해충과 모기의 양은 대단한데

그것이 인류에 끼치는 영향 또한

수치로 환산하기 어렵다는 글을 읽었다.

그 당시 나는 인적이 드문 변방을 쏘다니면서

저 제멋대로 난 연보라 달개비꽃이

인간의 피를 맑게 하고

장腸에 유익하다는 것에 경외를 느끼고 있었다.

질경이가, 꽃다지가, 애기똥풀이, 머귀가

그 생리와 이치를 아는 누군가의 손을 거치면

인간을 유익하게 하다니,

아픈 인간을 치유하는 힘을 지녔다니… 하면서

뜬금없는 놀람들로 살아가고 있었던 것이다.

지천에 널린 들풀들이, 개똥조차 약으로 쓰이는 것이다.

어쩌면 그것은 인간에 대한 절망에서 나온 경외일 수도 있다.

사는 것에 대한 지독한 무의미가

나를 백 년 동안의 전쟁처럼 쓸고 간 뒤였다.

'사람'에게 절망하고, 그것의 축약인 '삶'에 절망한 것이다.

그러니 그 외연外延의 확장인

'살림'에 허무와 설움이 묻어날 수밖에….

거미에 대한, 주목받지 않는 바람처럼

떠도는 존재들에 대한 관심은 그렇게 나온 것이다.

그래도 기도를 했다. 할 수밖에 없었다.

난 지쳤고, 외로웠고 어떤 따스한 우물이 그리웠기 때문이다.

무언가를 미치도록 보고 싶었다고 치부하자.

그 객기 같은 기도의 응답이었을까….

나는 그 날 그 노인의 발을 본 것이다.

3

순간 환영幻影인가 하였다.

아무런 말없이 그저 분주히 각기 제 길을 가는 출근시간이다.

그 대열을 슬쩍 벗어나 한켠에서 지켜보노라면

숙연하기조차 한 풍경이다.

거의 달리다시피 타다닥 소리만 나는

그 걸음들 사이에 그 발이 있었다.

나는 눈을 의심하며 다시 오르던 계단 아래로 내려갔다.

그리고 동물 같은 본능으로

가방에서 카메라를 꺼내 분주한 발들을 찍으며 따라갔다.

숙명 같은 한 방향을 잡은 듯 모두가 연어처럼 내닫는

그 계단 끝에 그 모든 방향과 흐름을 한순간 무시하는,

거꾸로 향해 있는 그 발이 뷰파인더에 잡혔다.

게다가 그것은 거칠고 더러운 맨발이었다.

인간상식을 넘어서는 이 독특함에

나는 순간적인 전율을 느꼈다.

마치 오랫동안 기다려온 풍경인 양,

꾹꾹 누르듯 조심스레 그 발을 찍어갔다.

이 이른 아침에,

그것도 분주한 출근길 지하철에서 맨발을 만난다는 게

그리 흔한 일은 아니다.

그 동안 무수한 풍경들을 찍었다.

지하철만 해도 4부나 되는 연작을 구상할 정도였다.

'적녹황청赤綠黃靑'이란 이 연작은

당시 내가 천착해 있던 폴란드의 키에슬로프스키Krzysztov Kieslowski의

삼색 시리즈에서 아이디어를 얻은 것이었다.

그의 〈블루〉, 〈레드〉, 〈화이트〉의 연작처럼

나는 지하철 1호선에서 4호선까지의 색깔을 따라

적(1호선), 녹(2호선), 황(3호선), 청(4호선)의

4부작을 만드는 야심을 키우고 있었던 것이다.

그러나 그것은 영화가 아니었다.

아직 영화를 어떻게 만드는지도 제대로 모르는

그저 신출내기 비디오광에 불과했다.

그래서 무조건 눈앞에 나타난 독특한 이미지들을

찍어대고 있었던 것이다.

흔들리는 손잡이,

다음 칸으로 이동하는 통로의

그 삐걱이는 쇠들의 소음들, 낙서들…

각 호선마다 다른 풍경의 인간 군상들….

그러다가 특이한 존재를 만나면 몰래 미행하며 찍곤 했다.

하지만 대부분은 눈살을 찌푸리게 하는 전도인들이나

다양한 악기들로 구성된 맹인 구걸자들이었다.

정말 이런 군상들만 모아놔도 재밌는 작품이 나올 것이다.

지하철 앵벌이들의 연주곡만으로 된

뮤지컬 영화를 구상하기도 했다.

하모니카, 피리, 색소폰, 녹음된 음악들,

심지어 입으로 부는 오르간도 있다.

그저 그들의 연주와 움직임만이 가득한 영화다.

생각만 해도 짜릿했다.

신림역 지하를 빠져나온 전철이

고가를 철커덕 철커덕 달린다.

영화 〈아비정전〉처럼 차창 밖엔 나무숲이 가득한데

그 너머 진한 노을이 채워져 있다.

그리고 한 맹인 악사가 하모니카를 불며

천천히 전철 통로를 지난다.

흔들리는 손잡이,
각 호선마다 다른 풍경의 인간 군상들….

그러나 상상과는 달리 나는 아직 영화란 것에 대해

잘 알지도 못했고, 기능적인 능력도 부족했다.

하지만 그 편린들을 〈거미일지〉에 날마다 채워갔다.

그것만으로도 재미났고,

내 안의 허기들을 조금씩 몰아내고 있었다.

그러다 이 맨발을 만난 것이다.

마치 오랜 시간을 기다려

시베리아의 호랑이를 만난 사냥꾼처럼 설레기조차 했다.

아무도 주목하지도,

거들떠보기조차 한심한 풍경일 수 있었다.

그러나 어떤 힘인지

나는 그 발에 감전되어 가던 길을 멈추고 있었던 것이다.

사람들로 **빽빽**이 채워져 있어

그 발의 주인공이 쉽게 보이지 않았다.

언뜻언뜻 스치는 사람들 사이로 얼굴이 들어왔다.

조금 물러나 카메라로 맨발을 찍으며

사람들이 뜸해지길 기다렸다.

드디어 얼굴이 잡혔다.

작고 아담한 얼굴을 한 노인이었다.

그러나 그 몸은 이 세상의 존재가 아닌 듯

몹시 가벼운 느낌이었다.

광인狂人이라 할 만큼 특이한 형상이었으나,

쉽게 단정 지을 수 없는 묘한 질량감을

몸 전체로 풍기고 있었다.

노인은 쉿소리를 내며 무어라 외쳐대고 있었다.

그러나 그 소리는 타닥이는 발걸음 소리를 이기지 못했다.

노인의 소리와 발걸음은

묘한 대조를 이루며 지하도에 울렸다.

"우리 하나님은 자비로우십니다.

우리 하나님은 오래 기다리십니다."

다른 건 몰라도 이 말은 분명하게 들어왔다.

순간, '이 노인은 그 흔한 광신적 전도자구나' 하는

실망감이 들었다.

왜 그랬는지 언뜻 설명하기 어려운

다른 무언가를 기대했던 것이다.

하지만 나는 그 자리를 떠나지 않았다. 아니, 떠나지 못했다.

노인의 형상에는 내 실망을 넘어서는,

기이하다고 할 정도로 독특함이 있었기 때문이다.

맨발만이 아니라 모자에도 무언가를 적어서 꽂고 있었다.

그리고 가슴에는

이해하기 힘든 문장들로 가득 채워진 종이를 안고 있었다.

노인은 내가 촬영하는 걸 슬쩍 살피더니

무시하듯 쉿소리를 내며 외쳤다.

"농가 부채가 한 해에 150억, 미군 군비가 한 해에 400억."

아까와는 다른 이상한 말이었다.

순간 나도 모르게 노인에게 스르르 다가갔다.

정말이지 의도하지 않은 움직임이었다.

그렇게 허락 없이 움직여간 발을 내려다보았다.

고흐의 버려진 구두처럼

남루한 갈색의 피곤함이 거기 있었다.

노인은 나를 쳐다보지도 않았다.

하지만 나는 최소한의 예의를 갖추기라도 하듯

카메라를 끄고서 노인에게 말을 걸었다.

노인은 이 세상의 존재가 아닌 듯
몹시 가벼운 느낌이었다.

4

"할아버지."

나의 소리는 의외로 부드럽고 작았다.

순간 노인은 내가 말을 걸 줄 알았다는 듯

아주 편안한 얼굴로 나를 바라보았다.

"제가 지금 일하러 가는 길인데,

혹시 오후 3시쯤에 여기서 다시 뵐 수 있을까요?"

뜬금없는 물음이었다.

아무런 이유 없이, 내가 지금 바쁘니까

나중에 볼 수 있느냐는 것이었는데,

노인은 "그래요. 그렇게 해요" 했다.

참으로 기이한 느낌이었다.

광인처럼, 아니 광인이라 여겼던 노인의 말은

아주 인자하고 부드러웠고,

마치 오랫동안 사귀었던 사이처럼 편안하기조차 했다.

약간은 멍하고 아련한 기분에

노인의 이전 모습은 순식간에 온데간데없고,

나는 다음 말을 이어가지 못하고 있었다.

"오후에 여기서 기다릴 테니까, 일보고 와요."

그 멍한 상태를 깨운 건 오히려 노인이었다.

나는 그 당시 기독교방송국에서 글을 쓰고 있었다.

의미 모를 함정에 허우적거리는 시퍼런 청춘의 편린들을

다니던 교회 청년부 주보에 쓰곤 했는데

그것을 기독교방송국에 다니던 선배가 우연히 읽고

글을 한번 써보지 않겠느냐고 제의해온 것이다.

글이라도 쓰지 않으면,

아니, 무언가에라도 부딪치지 않으면

견딜 수 없는 시절이었다.

〈미야모토 무사시〉를 탐닉하여 홀로 들판을 싸돌아다니며

은둔적 사무라이의 방랑을 꿈꾸었고,

그래봤자 들풀 이름이나 공부한 정도지만

케테 콜비츠Käthe Kollwitz와 루쉰魯迅을 흠모하여

밤이면 판화를 여러 장씩 파곤 했다.

아무런 구상도 없이

무조건 손이 움직이는 대로 파는 것이었다.

바람이 무심히 불고 갈대가 구름 한 조각을 향하는 작은 호수….

그렇게 거칠게 파놓고는

〈내 마음의 어딘 듯 한 편에〉라고 연필로 슬쩍 붙여놓았다.

그것은 당시 내가 좋아하던 김영랑 시인의

〈끝없는 강물이 흐르네〉에 나오는 시구였다.

심야 라디오 방송을 들으며 그렇게 해놓고는

혼자 만족해 하곤 했다.

그 순간만은 작은 충일감이 일었다.

내 영혼을 가득 채우는 것은 아니어도

소소昭蘇한 샘물이 출렁이는 것이었다.

그리곤 영랑의 〈내 마음 아실 이〉 같은 시를 읽곤 했다.

지금 내 앞에는 없지만 그러나 내 마음을 아주 잘 아는 그 이,

나에게 그분은 그리스도였다.

그분을 그토록 그리워하면서도

선뜻 불러지지가 않는 이상한 시절이었다.

라디오 음악에 묻혀 나는 나직이 흐느끼기도 하였다.

그리고 엽서를 썼다.

우표를 붙이지 않아도 되는 관제엽서를

수백 장씩 사 가지고 다니며

어디서든 생각나는 누구에게나 엽서를 썼다.

그렇게 하게 된 것은 권정생 선생의 글을 읽고부터다.

〈강아지 똥〉을 우연히 낡은 잡지에서 읽고 나서

얼마동안 한숨이 멈추었다.

이 세상 어떤 존재도 쓸모없이 만들어지지 않았다는 것이다.

길가에 버려진 강아지 똥조차도

민들레꽃을 피우는 거름이 되어준다는 것이다.

얼마나 울었는지 모른다.

권정생 선생에게 엽서를 보냈다.

그저 방랑하는 청춘이라고,

언제쯤 내 영혼에 봄이 오는지 모르지만

그저 떠도는 낙엽이라고….

그 유치한 편지에 뜻밖의 답장이 왔다. 역시 관제엽서였다.

언덕에 오르니 아직 봄이 오지는 않았습니다.

그러나 여기저기 겨울을 이겨낸 꽃다지며 들꽃들이

푸른 물을 들이고 있습니다.

나는 다시 울었다.

그리고 그 내용을 가지고 청년부 주보에 글을 쓴 것이다.

선배의 권유로 나는 새벽시간에 방송되는

생의 의미를 돌아보는 에세이를 날마다 한 편씩 썼다.

그것은 약간의 위선을 품은 아이러니였다.

저 심연의 우물로부터

공허의 한숨을 날마다 길어 올리는 방황자가

생의 의미와 진실, 행복의 진정성에 대한 글을 써야 하니

어쩔 수 없이 내 얘기보다는 여러 글들을 인용했고,

좋은 문장들을 은근슬쩍 각색하여 내놓곤 하였던 것이다.

그러나 반응은 나쁘지 않았다.

기존의 종교적인 내용만 듣다가 약간의 허무와 방랑에

그리스도의 본질을 문학적으로 버무려놓은

내 글이 신선하게 작용한 것이다.

어떤 정규적인 작가 수업이나 전형성을 갖추지 않은

떠돌이 들개의 취향을 사람들은 흥미 있어 했다.

그리하여 다른 몇 개의 프로그램의 글도 동시에 쓰게 되었다.

그야말로 졸지에 방송작가가 된 것이다.

5

글을 쓰는지 마는지도 모르게 시간이 흘렀다.

방송국 도서관 창 너머만 자꾸 바라보았다.

그저 거리나 지하도에서 흔히 만나는 광인일지도 모른다.

자기만의 좁은 체험과 열정에 사로잡혀

오히려 다른 이를 불편하게 하는 광신도일 가능성이 높다.

그런 충분한 정황을 가진 노인인데 무엇이 끌리는지

은근히 설레기조차 한 이 기분은 무언가.

노인의 목소리가 귀에 윙윙 맴돌았다.

쓰는 둥 마는 둥 원고를 적당히 채워

담당 피디들 자리에 던져놓고 나섰다.

"어이, 김우현, 어디 가?"

낚시 바늘처럼 목덜미를 잡아당기는 물음표였다.

덕규 형이다. '시인과 촌장'의 하덕규.

심야방송에서 형의 〈가시나무〉를 들으며 참 많이 울곤 했다.

테이프를 사서 수십 번을 듣고 또 들었다.

이런 노래를 만드는 사람은 누군가 생각도 했다.

나는 그가 크리스천일거라 믿었다.

그것은 나의 노래이고 모든 방랑자들의 주제곡이었다.

비디오를 처음 시작하며

〈가시나무〉로 뮤직 비디오를 만들겠다는 꿈을 키웠다.

막다른 골목에서 어쩌지 못하는 낙엽들,

마모된 벽들의 틈새에 끼인 담배꽁초,

사진작가 최민식의 흑백사진들,

이런 것들을 모아서 어설픈 뮤직 비디오를 만들기도 하였다.

그런데 원고 때문에 방송국에 갔다가

우연히 하덕규라는 사람을 마주친 것이다.

순간 영혼 저편에서 쿠웅, 하는 소리가 울려오는 듯한

전율이 있었다.

내가 이 사람을 만나다니….

"이 분이 하덕규 씨야"

교회 선배인 김삼일 피디가 넌지시 인사를 시켰다.

"반갑습니다, 하덕규입니다."

그 정도 가벼운 인사만 나누고

그는 당시 진행을 하던

〈가스펠 아워〉를 녹음하러 스튜디오에 들어갔다.

아주 다른 곳에서 온 존재를 바라보듯 이상한 기분으로

그를 부스 밖에서 바라보았다.

오랜 세월 짝사랑하던

누군가를 만난 설렘 같기도 하였다.

"원고 다 썼어?"

"예, 피디 자리에 놨어요.

오늘은 약속이 있어서 먼저 가려구요."

"야, 끝나고 같이 가지. 중요한 거야?"

"그럼요, 중요한 거예요. 꼭 가야 돼요."

덕규 형에게 그렇게 얘기한 것은 처음이었다.

이른 아침 방송국에 와 원고를 쓰고

덕규 형이 오는 오후엔 그와 시간을 보냈다.

형은 나를 친동생처럼 무척 아껴주었다.

선배 피디를 통해 후에 형은 내가 자신의 뮤직 비디오를

만들었다는 얘기를 들었고 형은 그것을 보고 싶어 했다.

솔직히 남에게 한 번도 보여주지 않은

어설픈 치기 어린 작품이었다.

6

내 속엔 헛된 바램들로 당신의 편할 곳 없네.

내 속엔 내가 어쩔 수 없는 어둠 당신의 쉴 자리를 뺏고

내 속엔 내가 이길 수 없는 슬픔 무성한 가시나무 숲 같네.

〈가시나무〉 뮤직 비디오는 내 심연의 이야기 그대로였다.

어쩌면 '헛된 바램들'과 '어쩔 수 없는 슬픔'들로 인해

'쉼'이 없었는지도 모른다.

그 가득 채워진 것들로 인해 나는 초라해져버린 것이다.

검은 공간을 개구리가 끝나지 않을 것 같은 울음으로

가득 채우던 여름 밤.

덕규 형은 변방의 우리 집까지 찾아와 그 비디오를 빌려갔다.

그 안에는 〈가시나무〉만이 아니라 〈쉼〉, 〈새벽〉 같은

형의 노래로 만든 비디오들도 같이 들어 있었다.

대부분이 버려진 존재들이나 외로운 변방에 핀

풀들로 채워진 어설픈 뮤직 비디오였다.

이런 일이 있구나, 이런 시절이 오는구나.

하덕규 씨에게 비디오를 보여주게 되리란 생각은 하지 못했다.

그 날 밤 〈거미일지〉에 나는 이런 문장을 새겨 넣었다.

"백 년 동안의 전쟁에도 봄은 오도다."

〈미야모토 무사시〉에 나오는 말이다.

그리고 창문을 열어 개구리들에게 소리쳤다.

"졌다. 난 너희들 같은 길고 큰 울음을 갖진 못했다.

그래도 오늘 밤은 기분 좋다."

순간 개구리들이 조용해졌다.

그 후부터 우리는 형제가 되었다.

내 비디오를 본 덕규 형이 거칠지만 자신의 노래에 대한

이미지와 질감을 잘 표현했다며 좋아해주었다.

그리고 덕규 형이 〈하덕규의 CCM 캠프〉를 하게 되면서

나는 그 프로그램의 작가가 된 것이다.

"누굴 만나는데 그래?"

"아주 특이한 노인인데, 3시에 만나기로 해서…"

늘 형의 방송이 끝나는 밤 10시 넘어까지

기다려 같이 어울리다 가곤 했는데,

그 날은 나의 행동이 좀 이상하게 비친 모양이다.

"그래, 그럼 내일 보자. 좀 이상한데…"

아쉬워하는 형을 뒤로하고

나는 바람에 밀린 듯 앞으로 나아갔다.

지하철 2호선의 오후는

햇살이 직격탄으로 쏟아져 들어오고 좀 황량한 느낌이었다.

인생이 지루하고 피곤해 죽겠다는 듯

하품을 하거나 잠을 자고 있는 사람들과

뜨개질을 하는 한 할머니의 손동작과

무언가를 생각하는 나의 뇌만 살아 움직이는 듯했다.

지하철 바닥에 일렁이는 햇살을 바라보았다.

오후 3시의 햇빛, 일본의 작가 엔도 슈사쿠에 따르면

그리스도는 오후 3시에

십자가에서 소리를 지르시고 돌아가셨다.

그 때 그 햇살도 이렇게 강렬했을까.

오후 3시의 햇빛.

오늘 노인을 만나 촬영이 잘 진행된다면

그 제목은 '오후 3시의 햇빛'이다.

왜 그랬는지 난 그 제목을 생각했고

벅찬 느낌이 들 정도로 맘에 들었다.

노인은 정말 그 자리에서 기다리고 있을까,

나는 왜 그 이상한 노인에게 이토록 끌리는 것일까,

만나면 무엇을 물을까, 아니 그 자리에 없을지도 몰라….

그런 생각을 하는데 벌써 교대역이었다.

3시 5분, 조금 늦었다.

3호선을 갈아타는 에스컬레이터 옆에서 만나기로 했는데

노인은 없었다.

아직 오지 않은 건가.

약간의 조바심을 동반한 불안함으로

이리저리 둘러보기로 했다.

7

상행선과 하행선으로 갈아타는 사람들로 분주한

3호선 교대역에서

이리저리 둘러보았으나 노인은 보이지 않았다.

결국 약속을 안 지켰구나….

역시 미치광이에 불과한 노인이었다는 생각이 들었다.

하루 종일 노인 생각에 맘을 졸였던 것이

허무하기조차 하였다.

이럴 줄 알았다면 덕규 형이랑 더 지내다 오는 건데….

그저 호기심에 이끌려 그런 노인을 찍으려 했던 것에 대한

벌이란 유치한 생각도 들었다.

돌아서 오려는데

어디선가 아주 탁하고 작은 이상한 소리가 들려왔다.

"인류 역사상 가장 위대한 자비의 초대."

나는 그 소리의 진원지를 따라

본능적으로 사슴처럼 빠르고 조심스레 다가갔다.

지하철 타는 곳 맨 끝 쪽에 가운데 통로처럼 빈 공간이 있었다.

예상치 못한 공간이었다.

사다리며 나무 상자 같은 것들이 쌓여 있는 모퉁이에
노인이 쭈그리고 앉아 있었다.

사다리며 나무 상자 같은 것들이 쌓여 있는 모퉁이에

노인이 쭈그리고 앉아 있었다.

"할아버지 여기 계셨네요. 난 안 오신 줄 알고…."

"미안해요. 다리가 아파서 여기 앉아 있었어요."

노인은 목발을 옆에 세워두고 있었다.

아침엔 분주하고 정신이 없어서 목발을 발견하지 못했다.

"하루 종일 이렇게 맨발로 다니신 거예요?"

"하루가 아니고 30년이 넘었어요."

노인은 그것이 무척 부끄럽다는 듯 눈웃음을 보였다.

"30년이요!"

노인은 어린 손자를 바라보듯

인자한 미소를 지으며 고개를 끄덕였다.

참 이상한 일이었다.

노인의 행색이나 전하는 말을 들으면 광인이란 생각이 드는데,

대화를 나누면 너무나 편안하고 다정한 느낌이 드는 것이었다.

노인에 대한 묘한 끌림도 이것 때문이었던 것이다.

"할아버지는 무얼 전하시는 건가요?"

가방에서 카메라를 꺼내 찍으며 물었다.

노인은 카메라를 의식하지도 않고

빙그레 웃으며 거침없이 말했다.

"하늘의 소명이 있어서 내가 해야 할 일을 하는 것이지요."

또렷하고 중심이 살아 있는, 분명한 대답이었다.

그러더니 갑자기 외쳤다.

"역사상 가장 위대한 자비의 초대,

예수 그리스도 자비의 초대."

가슴에 안고 있는 글을 쓴 종이판을 손가락으로 가리키며

"인류의 종말은 예고된 것, 절대 자유, 절대 영생, 만인구원"

하고 갑자기 카랑한 쇳소리로 크게 외쳤다.

약간 혼동이 엄습해와 더 이상 촬영을 못하고 멈추었다.

대화를 나누면 참 특이하지만 인자한 할아버지인데

무언가를 외치거나 쓴 문구들만 보면

이해하기 힘든 노인이었다.

망설이는 동안 노인은 힘겹게 몸을 일으키더니

목발을 짚고 섰다.

나도 노인을 그저 따라 나섰다.

그 행색만으로도 특이하지 않은가.

이 노인이 광인일지라도

그 독특함만으로 나름대로 의미 있을 거란 생각이 들었다.

8

오래전 세간의 관심을 끌었던

다큐멘터리 영화 중에 〈몬도 가네Mondo Cane〉라는 것이 있었다.

야코페티Gualtiero Jacopeti라는 독특한 이탈리아 감독이

전세계에 있는 야만과 광기, 인간의 잔혹함과 허영심을

특유의 시각으로 파헤친 영화다.

그 영화를 보면서 나는 〈서울 몬도 가네〉를 구상한 적이 있다.

서울의 지하철과 뒷골목 변두리를 떠도는 광인들로

그 영화를 채우고 싶었다.

정신 나가고 미친 존재들,

아무도 관심 없고 그들 자신도 스스로에 무관심한,

우주 한가운데의 허무들,

그들을 밀착 취재할 수 있다면….

그냥 스쳐 지나가며 기웃거리는 것이 아니라,

그들과 대화를 나누고 욕을 얻어먹고,

속마음을 들어보고 가능하다면 같이 밥을 먹으며,

한 번뿐인 생을 그렇게 살아가야 하는 이유를 엿볼 수만 있다면….

영화라는 것에 관심을 가지며

남들이 생각도 하지 않는 이상한 작품들만 구상하게 되었다.

어느 날은 다운증후군을 앓는 구걸자를

하루 종일 따라다닌 적이 있다.

불룩한 배에 입가에 침을 흘리는 20대의 청년이었는데

나를 인식하고는 괴성을 지르며 무어라 외쳐댔다.

그 모습은 인간이라기보다 짐승에 가까웠다.

나는 인간이란 도대체 무엇인가 고민하게 되었다.

복음서를 읽으며

그리스도가 이런 존재들의 친구가 되셨음에 주목했다.

그리고 바울의 "모든 사람을 주께 하듯 대하라"는 전언을

마음에 새겼다.

그 후부터 제목을 〈서울 예수〉로 바꾸었다.

정호승의 시 제목에서 따온 것이다.

우주 속에 버려진 존재들, 그들 속에 깃든 예수.

난 어찌하든지 그것을 만지고 싶었는지도 모른다.

만일 이 노인이 오락가락하는 광인이라면

오늘 그 영화를 크랭크 인 하는 것이다.

그런 마음으로 노인을 따라 나섰던 것이다.

노인은 목발을 짚고도 힘겨운 듯

천천히 맨발을 움직여 나갔다.

얼마나 조심스럽고 유유한지

마치 우주를 유영遊泳하는 비행사 같았다.

"볼수록 아름다운 미스 코리아 유관순."

자신을 이상하게 쳐다보는 아줌마들을 향해 노인은 외쳤다.

이게 또 무슨 소리인가,

아름다운 미스 코리아가 유관순이라니….

"볼수록 아름다운 미스터 코리아 안중근."

그 말을 들은 남자들은

인상을 찌푸리거나 웃어대기만 하였다.

아무도 노인을 정상으로 생각하지 않았다.

오히려 그런 모습을 촬영하는

나를 신기하게 생각하는 눈치들이었다.

그러나 나는 개의치 않았다.

노인의 거칠디거친 맨발이며

머리에 쓴 종이 모자와 기이한 문구들.

전철의 쇠를 깎으며 구르는 소리와

노인의 쉿소리가 어우러지는 그 부조화.

어느 것 하나 놓칠 수 없는 독특한 풍경이었다.

이 노인을 언제 다시 만날는지 모른다.

오늘이 마지막이란 생각으로

노인을 따라 작은 몸짓까지 카메라에 담았다.

9

"선생님은 그 웃는 얼굴 웃는 안광眼光,

김구 주석 꼭 닮았어, 축하합니다."

"아주머니는 그 인자한 미소와 자태,

신사임당 꼭 닮았어, 축하합니다."

노인은 지나는 사람들을 보며

참으로 기묘한 격려를 해주고 있었다.

그런데 그것을 듣는 이들은 그다지 싫어하지는 않았다.

다만 곁에서 지켜보는 이들은

미치광이의 헛소리 정도로 여겼다.

그렇게 온갖 사람들에게 듣든지 안 듣든지

이상한 격려를 하던 노인은

다리가 아픈지 지하도의 의자에 털썩 주저앉아버렸다.

노인은 곁에 앉는 나를 오랫동안 사귀었던 친구 대하듯

온화한 미소를 지으며 바라보았다.

대부분 이렇게 지하철에서

전도를 하거나 자기 생각을 떠드는 이들은

촬영하는 걸 좋아하지 않는다.

눈살을 찌푸리며 피하거나,

왜 찍느냐며 호통을 치기만 한다.

언젠가는 지하철 바닥을 기어다니며

구걸하는 할머니를 촬영한 적이 있다.

특이하게도 양은으로 된 세숫대야를 밀고 다니며

트롯을 부르는 할머니인데

내가 촬영하자 벌떡 일어서더니

상상조차 해보지 않은 욕설을 퍼부었다.

"야, 이 다리몽둥이가 부러져서

그 골수 안을 벌레들이 파먹을 놈아!"

내가 그냥 웃으며 그대로 서 있자,

"이 고꾸라져서 뒈지다 못해 삼대가 끊어지고…" 하면서

쫓아오는데 순간 나는 극심한 공포를 느끼고 도망쳐야 했다.

그 때는 놀랐지만 나중에 촬영한 테이프를 보니

그 욕설의 문장들이 매우 독창적이고

뛰어난 상상력을 동반한 것이어서

밑바닥이란 이토록 흥미진진하구나 생각했다.

노인은 그들과 달랐다.

은은한 미소로 바라보더니,

"얼마나 힘들어요?" 하고 생각 밖의 말을 했다.

"힘들다니요, 할아버지가 불편한 몸으로 힘드시지요."

"아닙니다, 난 힘들지 않습니다. 부끄러운 영혼인데
한량없는 주님의 자비로 늘 잘 살아가고 있습니다."

역시 기이한 기분에 사로잡혔다.

노인 혼자 외칠 때와는 너무나 다른 느낌의,

차라리 감동적이기조차 한 답이었다.

"언제부터 이렇게 다니신 건가요?"

노인은 잠시 생각하지도 않고 답을 했다.

마치 진지한 다큐멘터리를 위해 인터뷰를 하듯이.

"20대부터 헌신한 가운데 지금까지 오지만
김포에서 개척교회할 때 죽을병에 걸려 목숨이 위태로웠는데
'한량없는 영광 중에 주의 얼굴 대하리' 이 찬송 주시면서
죽을병도 고쳐 주시고 평생의 사명도 주셔서
그 은혜를 생각하며 이렇게 전도하고 있습니다."

개척교회를 했다는 걸 보니 목회자인 것이다.

죽을병에서 기도로 고침 받은 후 어떤 변화를 겪었고

아마도 그 후로 이렇게 나와서

나름대로 전도라는 형태로 돌아다니는 것이었다.

이렇게 길거리나 지하철에서 전도하는 분들 중에는
무모하리만큼 광신적이거나 어떤 특이한 체험과 계시를 받은 후
거리로 나오는 이들이 많다.
그래서 그들은 남을 의식하지 않고 기분을 상하게까지 하면서
자기만의 전도 방식을 고수하는 것이다.
이 열광적인 전도자들은 대부분 그들의 기원을
최권능 목사에게 둔다.
일제시대 평양 거리와 종로 네거리에서는
이른 새벽부터 "예수천당" 하고 외치는
최권능 목사의 소리를 들을 수 있었다고 한다.
이 너무나 단순한 방식으로 최권능 목사는
수많은 사람들을 전도했다는 일화를 남기고 있다.
일본군 연대장이 위풍당당 말을 타고 지나가는데
그 옆에서 "예수천당" 하고 크게 외쳐서
말이 놀라 연대장이 떨어져버렸다.
일본군들이 총칼로 최 목사를 죽이려 하자,
"내가 죽으면 너희 대장이 죽는다.
내가 기도해주어야만 살 수 있다"고 했고
일본군들이 당황해 총을 거두었다 한다.

최 목사는 일본군 연대장을 붙들고 기도했고 그는 살아났다.

"우리가 만일 미쳤어도 하나님을 위한 것이요"

바울의 이 고백을 이 노방 전도자들은 신봉하는 것이다.

그러나 오늘날 대부분의 거리 전도자들은

그런 노력의 결실을 맺지 못하고 있다.

오히려 복음전도를 가로막고 있다는 편이 옳다.

마치 인격장애를 앓고 있는 듯

자기만의 독백을 강요하고 마음을 불편하게 하는 것이다.

이상한 문구나 메시지들로 보아 노인도 그런 부류 가운데 하나다.

나는 그렇게 판단했다.

겉으론 친근함과 인자한 모습을 지녔지만

죽을병을 통과하며 정신적인 충격이나 분열을 가진 것이다.

그렇지 않고서는 그런 이상한 메시지를 가지고

전도라는 사역을 할 리가 없다.

그것이 나의 결론이었다.

10

지평선 너머로 예수의 긴 그림자가 넘어간다.

인생의 찬밥 한 그릇 얻어먹은 예수의 등 뒤로

재빨리 초승달 하나 떠오른다.

고통 속에 넘치는 평화,

눈물 속에 그리운 자유는 있었을까.

시인 정호승이 1982년에 낸

〈서울의 예수〉를 한동안 외우려고 애썼다.

오랫동안 가슴에 품어둔 영화 〈서울 예수〉의 이미지를 위해

그 시를 차용하려 했던 것이다.

그러나 그 장편시長篇詩를 난 다 외우지 못했다.

나의 삶은, 나의 시야는,

그저 좁고 쳇바퀴 맴도는 손바닥만한 장편掌篇에 불과했다.

긴 호흡과 드넓은 지평으로 나아가려 해도

무언가에 묶인 내 영혼은

도무지 바람에 몸을 맡기는 자유와 트임을 맛보지 못했다.

삶의 지평에서건 작품의 영역에서건 다 그랬다.

그래도 노인을 촬영하며 분절되어 스치는
이 시의 몇 문장들이 있었다.

낙엽들은 떠나기 위하여 서울에 잠시 머물고
예수는 절망의 끝으로 걸어간다.
목이 마르다.

광인들로 채우는 〈서울 예수〉에 어쩌면
이 노인은 잘 어울리지 않는다는 생각이 문득 들었다.
억지로 시나 제목에 노인을 끼워 맞추려는 나를 본 것이다.
자세히 훑어보니 노인의 눈은 광인이라 하기엔 너무 맑았다.
남들을 격려하던 그 '빛난 안광' 이었다.
목소리도 부드럽고 친근했다.

"이제 어디로 가세요?"
혼자 〈서울의 예수〉를 생각하느라
잠시 단절된 분위기를 메우려고 물었다.
"예수 천당, 날마다 천당."
노인이 갑자기 외쳤다.

낙엽들은 떠나기 위하여 서울에 잠시 머물고
예수는 절망의 끝으로 걸어간다.
목이 마르다.

순간 깜짝 놀랐다.

'쿠오 바디스Quo Vadis'

난 그것을 생각하며 어디로 가느냐고 물었던 것인데

'예수 천당'이라니….

참으로 엉뚱하지만 놀라운 대답이라는 생각이 들었다.

가는 길이 예수 천당이다, 날마다 천당이다.

이 노인의 정체는 무엇일까.

문득 뜬금없는 궁금증이 엄습해왔다.

노인은 갑자기 자리에서 일어났다.

그리고 지팡이를 짚더니

중대한 사명을 앞둔 선지자처럼 거침없이 앞으로 나아갔다.

순간 범접하지 못할 기운을 느꼈다.

다시 노인을 찍으며 뒤따라갔다.

이젠 광인을 찍는 것이 아니다.

노인이 지닌 그 당당한 풍모의 기운에

밀려가는 기분이 들었다.

노인은 가다가 지하철을 탔고 나도 뒤따랐다.

이제는 수동적으로 그저 따라가는 형국이다.

신사역에서 내린 노인은 구내매점에 들어가더니

무어라 인사말을 건네고 다시 나왔다.

그리고 밖으로 나가는 계단을 천천히 올랐다.

십자가를 지고 황톳빛 언덕을 오르는 느낌이었다.

30년을 그렇게 다녔다는 거칠고 상처 난 맨발을 찍으며

나도 계단을 서서히 올랐다.

이젠 쳐다보는 관중들도 의식되지 않았다.

우주 가운데 노인과 나 단둘이서

어둠속 하나뿐인 계단을 오르는 기분이었다.

"이제 난 집으로 갑니다. 더 이상 따라오지 마세요."

발을 멈춘 노인이 뒤를 돌아보며 말했다.

친근한 모습은 어디 가고 준엄한 경고를 하는 듯

매서움이 느껴졌다.

손발이 묶여 어쩌지 못하는 겸손한 양처럼

난 고개를 끄덕였다.

이제 크랭크 업을 해야 할 시간이다.

'오후 3시의 햇빛'은 이미 사라진 지 오래고,

햇살은 빌딩 숲 너머에서 부끄러운 듯 숨어 있었다.

신사역을 다 빠져 나온 노인의 해 그림자가

길게 보도블록에 깔렸다.

이 그림자가 엔딩이다.

마지막 장면을 생각하고 있었다.

순간 노인이 갑자기 신사역 사거리로 들어섰다.

그러더니 자동차들이 저돌적으로 달리는 도로 한가운데를

목발을 짚은 채 건너가는 것이었다.

놀란 차들이 급정거를 하고 클랙슨을 울리고 난리가 났다.

노인은 그 소리와 동요에도 아랑곳 않은 채

절룩이는 발로 도로를 건너갔다.

그 황망함은 설명할 길이 없었다.

이런 무모한 횡단은 처음 본다.

그러나 예기치 않은 희열이 있었다.

어떤 의미 모를 통쾌한 자유가 전해왔다.

도대체 이 노인은 어떤 존재인가,

여전히 수수께끼 같은 궁금증이 나를 친친 옭아맸다.

느리고 도발적이기조차 한 횡단이 다 끝날 때까지

숨소리도 내지 않고 촬영을 했다.

아직 끝나지 않은 것이다.

노인은 다 건너가서도 목발을 세워

달려오는 택시를 잡으려 하였다.

그러나 그 이상한 노인을 위해 멈추는 택시는 없었다.

해 그림자가 먼지 낀 풀잎들 사이에서 사라질 때까지

노인은 그렇게 목발을 짚고 서 있었다.

할 수 없이 노인은 아래로 걸어가 버스를 탔다.

그리고 저녁노을이 부서지는 한남대교 방향을 향해

노인의 버스가 사라질 때까지

나는 그 자리에 우두커니 서 있었다.

八福

준비된 재회

주님께서 노인을 다시 만나게 하기 위해

이런 작전을 짜신 것은 아닐까.

그 전설이나 동화에 나올 것 같은 이야기가

현실이고 사실이란 확신이 들었다.

마치 내가 우주의 정교하게 조직된 그물에 걸려 있는 기분.

주님이 이 일을 꾸미시는 것이다.

그 생각을 하자 가슴이 벅차왔다.

눈물이 비집고 나왔다.

만일 그것이 사실이라면 노인을 다시 만나게 될 것이다.

11

1998년 12월,

노스트라다무스에 의해 번져온

'세기의 종말'이 다가오고 있었다.

그러나 새로운 시절을 앞두고

세상과 일상은 큰 변화가 없었다.

오히려 1999년이란 파국보다도

그 너머 새로운 천년에 대한 기대감이 좀더 큰 것 같았다.

사람들은 그 동안 IMF를 겪으면서 아플 대로 아팠고,

힘겨울 만큼 힘겨웠던 것이다.

어떤 이들에겐 그것이 종말의 시기였는지도 모른다.

'건국 이래 최대의 위기'란 말이 과장만은 아니었다.

그런 시기를 관통한 이들에게

1999년이란 그다지 피부에 다가오는 주제가 못 되었다.

오히려 흥미와 선정주의를 추구하는 방송이나 매스컴들만

'1999년 세계의 종말'이란

파국과 절망의 주제를 즐기고 있을 뿐이었다.

늘 밑바닥을 추구한 나에겐

IMF라는 시기도 그다지 어려움이 없었다.

오히려 라디오 방송국에서 글을 쓰는 프로그램이 많아졌고,

나의 비디오 작업이 알려져

아르바이트도 쏠쏠하게 들어오곤 했다.

하지만 여전히 뒷골목을 쏘다니며

아무도 관심을 두지 않는 풍경과 존재들을 찍었으며,

그것을 작품으로 만드는 일에만 빠져 있었다.

이상하게 그런 풍경 속으로 들어가면

자유의 바람을 느끼곤 했다.

팔리지도 않을 것 같은 물건을 길거리에 내놓고

고개를 숙인 채 땡볕에 앉아 있는 아주머니,

지하철에서 껌을 팔다가 잠시 내린 구로공단역 플랫폼에서

도시를 내려다보며 담배를 피우는 할머니,

어떤 날은 담벼락이나 보도블록 틈새에 핀

풀이며 꽃들만 하루 종일 찍었고,

또 버려진 담배꽁초만 온종일 찍은 적도 있다.

서럽디서러운 풍경들, 그 안에서 무엇을 보고 싶어 했는지

나는 그것에 천착했던 것이다.

예수께서 "베다니 문둥이 시몬의 집에서 식사를 하셨다"는

말씀에 붙들려 한동안 힘들어 하기도 했다.

문둥이의 집에서 식사를 한다는 것은 쉽지 않은 일이다.

나는 그 어떤 존재나 상황의 이면에 들어가서

나를 대입하는 습관이 있었다.

아니, 그런 습관이 생겼다.

문둥이에게 다가가는 것도 참으로 용기다.

그런데 그와 더불어 밥을 먹는다는 건 대단한 일이다.

거대한 사랑이 가슴에 담겨 있지 않다면 불가능한 일이다.

가능하다면 나도 그런 경험을 해보고 싶었다.

그 꿈은 몇 년이 지난 후 이루어졌다.

당시 나는 일상의 풍경만 찍던 것을 넘어

좀 더 큰 작품을 만들려는 꿈들을 키웠는데

그 첫 번째가 〈그리스도의 잔꽃송이–손양원〉이었다.

기독교방송국 도서관에서 방송 원고를 위해 자료를 찾다가

우연히 낡고 두꺼운 책을 하나 꺼내게 되었다.

손양원 목사님의 일생을 소설 형식으로 쓴 것인데,

먼지가 일고 곰팡이가 필 정도로 오래된 그 책을

원고 쓰는 것도 잊은 채 단숨에 읽어버렸다.

소설이라기보다는 전기에 가까운 글이었다.

만일 이런 삶이 진실이라면….

붉게 넘어가는 해를 등지고

도서관 구석에서 전율에 휩싸인 채

한동안 움직이지 못했다.

그리스도처럼 문둥이들과 더불어 밥을 먹는 것은 물론이요,

그들의 피고름을 입으로 빨아주고,

그들과 더불어 살아간 한 영혼의 삶이 있었던 것이다.

심지어는 자신의 두 아들을 죽인 사람을 양자로 받아들이는,

소설이 아닌 현실의 삶이 거기 있었던 것이다.

손양원 목사의 생에 대한 정보는 그전에도 없진 않았다.

어린 시절부터 〈사랑의 원자탄〉이라는 영화와

그 분의 이야기를 들어왔기 때문이다.

그러나 제대로 된 그의 생애를 접한 건 처음이었다.

그 후 손양원 목사님의 생애를 영화로 만들려는 꿈을 키웠다.

그것은 내 생애 첫 번째 장편영화가 될 것이다.

그 꿈을 가슴에 품고 자료 조사도 하고 시나리오도 구상했지만

현실이 너무나 분주하고 영화는 생각처럼 쉽지가 않았다.

그러나 그 분에 대한 꿈은 내 스스로 새긴 것만이 아니었다.

그것은 그리스도께서 내 안에 심어놓은 소망이기도 했다.

그것을 알기까지는 녹녹치 않은 세월이 필요했다.

12

그 당시 나의 별명은 '변방의 우짖는 새'였다.

누가 지어준 별명이 아니라 내 스스로 붙인 것이었다.

아무도 나의 작업을 알지 못했다.

나는 변방을 떠돌며 윤동주의 문장처럼

'모든 죽어가는 것들을' 카메라로 담아내고

사랑하려는 한 마리 외로운 새였다.

그런데 어느 날 한 후배가 나에게 이상한 제안을 했다.

"형, 새로운 다큐멘터리를 시작하는데 같이 해볼 생각 없어?"

그 후배는 KBS에서 다큐멘터리를 만드는 피디였다.

"방송을 한 번도 안 해본 내가 그걸 어떻게 하니?"

"아니야. 형처럼 직접 촬영도 하고

특이한 소재를 찾아다니는 프리랜서가 필요해."

이게 무슨 일인가.

후배가 시작하는 프로그램은 한 시간짜리 다큐멘터리였다.

후배는 내가 혼자 작업하는 것을 알고 있었고

늘 궁금해 하곤 했다.

"도대체 뭘 찍고 다니는 거야?"

"죽어가는 새의 날개, 전깃줄에 걸린 검은 비닐봉지…."

"와하하하. 그런 건 찍어서 뭐하려고?"

"그냥 찍는 거지 뭐."

당시 6mm 디지털 카메라가 보급되면서

거칠지만 현장을 깊숙이 찾아가는

역동적인 방송 다큐멘터리가 기획된 것이다.

하지만 내가 방송에서 다큐멘터리를 만든다는 것은

상상해본 적이 없었다.

그리고 나는 제대로 공부한 적도 없었던 것이다.

"방송에 대해서 뭘 알아야지."

"그냥 한번 해보는 거지, 아니면 그만두고."

"그래도 되냐? 아니면 그만둬도?"

"걱정하지 말고 한번 해봐.

형은 글도 쓰고 하니까 이 프로에 잘 맞을 거야."

주님께서 이런 기회를 주셨다는 생각이 문득 들었다.

변방의 우짖는 새에게

넓은 지평으로 나아가라고 기회를 주신 것이다.

13

그렇게 발을 들여놓은 방송이

1998년 가을 시작된 〈현장르포 제3지대〉다.

르포란 무엇인가.

사회적으로 관심거리가 되는 현상이나 개인의 특이한 체험을

관찰자의 주관을 곁들이지 않고

사실 그대로를 그리는 것이 아닌가.

그것은 즉물적인 '현지보고'인 것이다.

그러나 나는 낙엽 하나, 구름 한 조각에

리리시즘lyricism, 서정적 정취과 신파적인 의미를 부여하는

아마추어 '시적詩的 비디오 아티스트'였다.

세상에 신파를 이길 힘은 없다고 자부했지만

방송은 지독한 현실인 것이다.

실수도 허허롭다면 언제든 가능했던

밑바닥 친구들에게로의 망명도 용납되지 않는다.

약간의 불안이 스치고 지나갔다.

이제 더 이상 뒷골목과 지하의 그 자유로운

바람과 풍경은 보지 못하는 건 아닌가.

그러나 내게 주어진 이 길을 일단은 당당히 가보고 싶었다.

난생 처음 방송 프로덕션에 갔다.

이미 경험이 많은 노련한 피디와 작가들이

이 새롭고 흥미진진한 다큐멘터리를 위해

모집되어 작업에 열심이었다.

마치 아프리카의 새로운 전쟁을 위해

모집된 외인부대 같은 전운이 감돌았다.

자욱한 담배 연기와 신문이며 잡지,

그리고 발로 뛰어 찾아온 전리품들을 내놓고,

열정적이고 확신에 넘치는 표정으로 회의를 하는 풍경….

그 중에 나는 정말 피라미였고

책갈피에 끼인 메마른 갈잎처럼 한켠에 주눅들어 있었다.

내가 내놓을 것이란

서른 중반을 넘긴 나이 정도라는 생각에 한숨도 나왔다.

제작 총책임을 맡은 감독이

한구석으로 부르더니 이력서를 뒤적거리며 면접을 했다.

아마… 어려울 것이다. 도무지 내놓을 경력이 없는 것이다.

"93년부터 촬영을 시작했다고만 되어 있는데,

그 동안 한 작품이 어떤 거지?"

"제대로 된 작품은 없고요,

그냥 돌아다니며 이것저것 촬영한 정도…."

내놓은 말조차 마무리하지 못했다.

이런 이력으로는 어림도 없을 것이다.

바람에 날리는 비닐봉지며,

광인들이나 지하철의 앵벌이들을 찍었다고 해야 하나….

아무도 오지 않는 산속 황톳길 옆에 핀

제비꽃 같은 기분이었다.

순간 맨발 노인이 떠올랐다.

그의 맨발이 불현듯 시야에 들어오며,

나를 향해 다가오는 착시를 느꼈다.

"우리 하나님은 자비로우십니다. 죽어가던 저를 살려주시고…."

눈앞의 현실인 양 노인의 목소리가 달려왔다.

이 순간에 왜 뜬금없이 노인이 떠오른 것일까.

"역사상 가장 위대한 자비의 초대. 예수 그리스도의 자비의 초대…."

광인의 헛소리가 아니라,

마치 나를 그 자비의 영롱한 세계로 초대하는 것 같은

착각이 일었다.

이런 긴장되는 면접의 자리에서

그런 상상에 **빠진** 자신을 나도 이해하기 힘들었다.

그러나 그 장면들은 지워지지 않았다.

무언가 고민을 하던 감독이 말을 하지 않았더라면

계속 그 착시 속에서 노인의 맨발을 따라갔을지 모른다.

"흠, 그래…"

한숨을 쉴 줄 알았는데 뜻밖의 답이 새어나왔다.

"촬영도 하고 글도 쓸 줄 아니까, 한번 해보라구."

정말, 이게 진정인가… 분명 한번 해보라고 했다.

"예, 열심히 하겠습니다."

밖으로 나오면서도 실감이 나지 않았다.

정말 이제 내가 방송을 하는 건가….

그것은 영화처럼 선택받은 소수의 전유물인 줄 알았다.

아무런 경험도 없는 나에게

한 시간짜리 다큐멘터리를 선선히 맡긴 이유가 무엇인가.

외주제작 프로덕션 총감독으로서

이런 중요한 방송을 아무에게나 맡긴다는 건 모험이 아닐 수 없다.

실감이 나지 않아 얼떨떨해 하면서 밖으로 나왔다.

그러나 그것은 하나님의 섭리였다.

그분의 위대한 '자비의 초대' 였던 것이다.

14

여러 프로덕션에서

다양한 경험의 편력을 가진 피디와 작가들은

매우 도발적이고도 다양한 주제들로 작품을 만들고 있었다.

매우 신선한 아이템 같은데도 쉽게 채택이 되지 않았다.

나를 방송에 소개한 후배는

당시 처음 금강산 관광을 떠나는 현대호에 승선해

거의 생중계하듯 그 역사적인 현장을 카메라에 담았다.

어떤 친구는 역시 당시엔 방송에서 금기시되던

동성애 커플의 일상과 고백을 적나라하게 담아

촬영화면만 보고도 충격을 느끼게 했다.

강하고 센 소재들이 아니면

방송조차 못할 것 같은 불안이 엄습했다.

기도를 하지 않을 수가 없었다.

방송을 제작해본 경험이 없는 것도 불안했고,

그런 소재들을 찾고

소화해낼 자신조차 없었기 때문이다.

'저를 이 곳까지 인도하셨으니,

한 번이라도 방송은 하고 그만두어야

주님 이름에 먹칠하지 않을 것 같습니다. 그러니 도와주세요.'

일종의 협박이었다.

주님의 이름을 걸고 넘어져서라도

이 첫 시작을 통과하고 싶었던 것이다.

주님이 이 길로 나를 인도하셨는지 정확한 근거는 없었다.

그러나 여기까지 온 것만 해도

그분이 개입하지 않고서는 불가능할 것 같았다.

아니, 그렇게 믿고 싶었다.

그 다음날, 참 신기한 일이 벌어졌다.

한 후배가 갑자기 찾아와서 자기가 요즘 만나는,

언더그라운드에서 힙합hiphop하는 친구들 얘기를 했다.

이야기를 듣는 순간, 어쩌면 이것이

주님이 주시는 소재일지 모른다는 생각이 들었다.

역시 나의 판단은 옳았다.

그 아이템은 바로 채택이 되었다.

마침 총감독의 아들이 힙합에 빠져 있었고

부모로서 그것을 고민하던 중이라고 했다.

요즘 젊은이들의 문화 코드에 대한

이해 차원에서 만들어보자고 했다.

〈너희가 힙합을 아느냐?〉

내 방송 첫 작품이 그렇게 시작된 것이다.

다른 피디들에 비하면 모든 게 너무나 쉽게 시작되었다.

그 당시 엑스세대X-Generation라 불리던 젊은이들의

문화 코드는 힙합이었다.

그렇게 하여 뒷골목을 떠돌기만 했을 뿐

그다지 흥미를 가지고 있지도 않던,

언더그라운드 힙합퍼hiphoper들의 세계로 발을 들인 것이다.

그 때의 경험은 후에 내가 대중문화의 코드와 생리를

이해하는 데 매우 중요한 자양분이 되었다.

그 전까지 나는 교회의 울타리와 나의 영화세트인 거리나 지하도,

그리고 내 신앙적 고민의 지평에서만 맴돌고 있었다.

그러나 힙합에 대해 촬영을 하면서 다양한 공부와 만남을 통해

세상 문화의 감각과 본질들에 대한

안목과 실재들을 만지게 된 것이다.

방송의 위력은 실로 대단했다.

많은 자료들을 찾아 공부를 해야 했고,

원하면 내가 만나고 싶은 이들을 찾아가

인터뷰와 취재를 할 수 있는 기회가 열리게 된 것이다.

생각보다 촬영은 어렵지 않았다.

그 어디에 내놓을 계획도 없는, 아무도 관심두지 않는 작업을

거의 하루도 쉬지 않고 해왔던 나로서는 촬영감독이 없어도

혼자서 그 일을 해내는 데 아무런 부담이 없었다.

나 자신도 신기한 일이었다.

그렇게 정신없이 촬영을 하던 어느 날,

'송년 특집 다큐멘터리'를 위해 긴급회의가 소집되었다.

자기 작업에도 힘이 벅찬 피디들은

갑작스런 송년 특집에 들어갈 여력이 없었다.

그러나 정작 더 힘겨운 것은

그 이름에 걸맞은 소재를 찾는 것이었다.

진전이 없는 회의가 지속되는 중간에 갑자기 여담처럼

그 동안 내가 촬영했던 것들을 얘기하게 되었다.

나처럼 아무런 경험도 없는 사람이

이렇게 비중 있는 방송을 하는 것을 의아해 했었기에

나의 어설픈 전력이라도 소개할 겸 내놓은 얘기였다.

그러다가 지하철에서 만난

다양하고 재미난 군상들에 대한 얘기가 나왔다.

흥미있다는 표정으로 묵묵히 듣고 있던 총감독이

불쑥 충격적인 말을 꺼냈다.

"우현아, 그걸로 송년 특집을 해보자."

그것이 왜 충격적이냐 하면

송년 특집 같은 비중 있는 작품을 나보고 하자는 것도 그렇고,

이미 〈너희가 힙합을 아느냐?〉를 촬영중이었기 때문이다.

방송의 신출내기인 나에게

그것도 두 작품을 동시에 맡기는 일이 가능하기나 한 것인가!

그런데 거부할 수 없는 어떤 분위기가

그 불가능에 나를 밀어 넣었다.

참으로 기이하고, 기이한 일이 아닐 수 없었다.

15

나의 무모함은 어디서 오는가.

나 자신도 어디에 그런 모험심이 숨어 있었는지

알지 못하는 도발적인 도전이었다.

그 무모한 제안을 선뜻 받아들였던 것이다.

힙합과 브레이크댄스, 디제잉을 하는 친구들을 만나고,

문화 평론가며 연예인들을 만나고,

또 동시에 오랫동안 잊었던 지하철로 돌아가

〈송년 특집 다큐멘터리―지하철 2호선〉을 찍게 된 것이다.

얼떨결에 두 집 살림을 하게 된 사내처럼 정신이 없고,

약간은 황당한 나날이었지만, 지치지도 않았다.

무감각하다는 표현이 맞을까?

이 갑작스런 변화를

주님께 감사해야 할지 말아야 할지 판단이 서지도 않았다.

두 마리를 좇다가 둘 다 놓쳐버린 포수가 된다면

그것도 여간 낭패가 아니다.

난 아직 단 한 작품도 방송에 신고식을 하지 않은

완전 초짜인 것이다.

솔직히 촬영은 가능했지만

어떻게 편집을 하고 녹음을 하는지도 몰랐다.

그러나 그런 걸 고민할 물리적인 시간이 없었다.

두 달 안에 두 개의 작품을 완성해야만 했다.

오랜만에 찾아간 지하철은

나란 존재는 잊었다는 듯 여전히 분주했다.

IMF의 파고는 여전히 높았고, 지하 생활자들은 더 늘어났다.

지하철은 잡상인, 구걸자들로 북적였고,

노숙자들도 어디서나 눈에 띄었다.

아무런 대책도 없이 기계처럼 그 풍경들을 스케치하기만 했다.

감독과 작가의 의도는

지하철에서 만나는 여러 군상들과 풍경들을 통해

힘겨운 시절에 용기와 희망을 나누는 내용을 담자는 것이었다.

그러나 그것이 쉬운 일은 아니었다.

어느덧 1998년 12월이 되었다.

〈너희가 힙합을 아느냐?〉를 먼저 제작해 방송을 하였다.

결과는 매우 좋았다.

그런 내용을 처음 다룬 것이어서인지

시청률은 물론 피시 통신에서도 난리가 났다.

나는 감독과 작가의 칭찬을 누릴 만한 여유도 없이

다시 지하철로 돌아와야 했다.

송년 특집을 할 시간이 얼마 남지 않았기 때문이다.

한 번이라도 해보고 그만둘 수 있다면 했던 방송을 마치자

왠지 모를 허탈감이 엄습했다.

나는 여기에 서 있으며 달리 어쩔 수가 없다.

1521년 4월 18일,

마르틴 루터가 외부의 공격과 자신의 연약함으로

고민하며 적었다는 그 문장을 줄곧 생각하고 있었다.

마르틴 루터의 등뒤에 비쳐진

흐린 4월의 잿빛 하늘을 상상해보았다.

세기말을 얼마 남기지 않은 1998년 겨울이지만,

나의 영혼은 중세의 4월을 중음신처럼 맴돌고 있었다.

그 전에 홀로 다니며

바람의 노래를 듣던 시절이 그립기도 했다.

너무나 갑작스럽게

용광로 같은 격동 속으로 내던져진 느낌이었다.

이렇게 허탈하리란 생각은 못했다.

주변에선 나의 방송 데뷔를 축하하고 부러워했지만,

정작 나 자신은 원인 모를 허전함에 후들후들, 은사시나무처럼

몸을 떨어야 했다.

지하철 2호선, 철커덕 철커덕…,

손때 묻은 남루함으로 흔들리는 손잡이며 통로의 이음쇠들…,

창밖에 부서지는 12월의 오후 햇살,

〈오후 3시의 햇빛〉, 〈서울 예수〉, 〈건너편〉.

내가 꿈꾸던 그 이름들이

아스라이 거품처럼 밀려왔다 또 사라졌다.

나는 여기에 서 있으며 달리 어쩔 수가 없다.

이제는 돌아갈 수가 없는가.

어디선가 멜로디언으로 연주하는 찬송가 가락이 들려왔다.

내 주를 가까이 하게 함은 십자가 짐 같은 고생이나

내 일생 소원은 늘 찬송하면서 주께 더 나가기 원합니다.

녹색 의자에 내던졌던 남루한 영혼을 추슬러

그 소리를 입으로 흥얼거리며 뒤따라갔다.

문득 울고 싶어졌다.

어디 산속에라도 달려가

주님의 이름을 소리쳐 부르고 싶었다.

그렇게 휘청이면서도 촬영을 하며 따라간 맹인 악사의

저 건너편에서 눈을 의심케 하는 무언가를 발견했다.

순간 전율하는 내 영혼을 어쩌지 못했다.

거기에 그 동안 지하철을 촬영하면서도 잊고 있었던

노인의 맨발이 있었기 때문이다.

16

눈을 의심하지 않을 수가 없었다.

처음 그 맨발을 보았을 때보다도

더 강한 전율에 약간의 혼미함마저 느꼈다.

그 자리에 얼어붙는다는 표현을 실감했다.

그 동안 지하철을 다니며 노인을 생각하지 않은 것은 아니다.

마지막으로 만난 후 지하철로 이동하며 문득 생각날 때마다

혹시 노인을 볼 수 있을까 하여 찾아다닌 적도 있었다.

그러나 이상하게 한 번도 만날 수가 없었다.

그것으로 인연이 끝이라고 생각했다.

나는 노인과의 그 우스꽝스럽고도 독특한 체험을

〈건너편 – 맨발 노인〉이란 제목으로 만들었었다.

"우리 하나님은 자비하십니다. 우리 하나님은 위대하십니다.

물에 빠져 죽어가는 사람 건져 주시고…"

노인은 분주한 지하철 통로를 헤집고 다니며

여전한 레퍼토리로 외치고 있었다.

행색도 거의 변하지 않은 그대로였다.

노인은 분주한 지하철 통로를 헤집고 다니며
여전한 레퍼토리로 외치고 있었다.

옷만 겨울용일 뿐 모자에 쓴 판독 불가한 글이며,

가슴에 안고 있는 종이판까지.

여전히 사람들은 노인을 이상하게 쳐다보고

불쾌하거나 비웃는 표정으로 외면했다.

남들이 저렇듯 회피하는 존재를

왜 나는 전율하듯 반가워한 것일까.

나 자신도 이해하기 힘든 감정이었다.

그러나 분명한 건 조금 전까지 갈 바를 모르던

내 영혼이 살아나고 있다는 것이다.

"미스 코리아 유관순, 어이, 미스터 안중근, 미스 춘향이⋯."

청소년들을 보자 유난히 목소리가 커지며 다가가 외쳤다.

순간 노인의 표정은 순진한 아이처럼 밝아졌다.

아주 짧은 순간이지만 정말 해맑은 아이가 된 것이다.

아이들은 키득거리며 웃어댔다.

그들에겐 심심한 하굣길에 만난 미친 노인네일 뿐이다.

기분 나쁘다는 듯 인상을 찌푸리지 않은 것이 다행일 뿐이다.

아기를 안고 있는 엄마 앞에 멈춰 서더니

노인은 주머니를 뒤적였다.

손을 펴자 연초록과 산뜻한 연분홍 사탕 두 알이 있었다.

"아이가 인상이 참 좋아요. 하나님 사랑으로 귀하게 키우세요."

갑자기 말투가 평소의 그 인자함으로 바뀌었다.

아이 엄마도 기분 나빠하지 않고 미소 지으며 보고 있었다.

아이의 작은 손 안에 사탕 두 개를 쥐어주었다.

그 손을 클로즈업했다.

아이는 사탕과 노인을 멀뚱멀뚱 번갈아 보고 있었다.

'아이의 손은 작은 것으로도 가득해진다.'

방송 원고를 생각한 것인지,

아니면 나의 허기에 대한 하늘이 준 메시지인지

구분되지 않는 그 작은 깨달음에

나는 아주 미묘한 흥분과 행복감이 차오르는 걸 느꼈다.

조금 전까지의 공허는 이미 사라진 지 오래다.

몰래몰래 촬영하며 뒤따르는 내게 갑자기 노인이 돌아섰다.

순간 나를 알아보셨구나, 반가운 인사를 하려는데

노인은 손을 들어 크게 흔들면서 재빠르게 출입구로 향했다.

열려라 참깨, 하듯이 순간 문이 열리고,

노인은 지하철 밖으로 나가버렸다.

갑작스레 벌어진 상황을 놓고 망연자실하는 사이에

문이 닫히고 말았다.

아, 몇 년 만에 이렇게 어렵게 만났는데 뒤따라갈걸….

자책의 한숨이 깊게 토해져 나왔다.

17

나는 노인을 떠나 보낸 후 몇 개 역을 더 지나서 내렸다.

처음엔 다음 역에서 내려

다시 노인이 내린 충무로로 되돌아가볼까 생각도 했다.

그러나 이상하게도 곧 다시 만날 것 같은 확신이 들었다.

노인에게만 천착할 수는 없었다.

송년 특집 다큐멘터리를 완성해야 한다.

다시 지하철을 다니며 촬영을 했다.

참으로 신기한 일이었다.

피곤하거나 허무하지 않았다.

위산과다같이 번져오던 허기가 다 어디로 간 것일까.

저 이상한 노인은 도대체 누구일까?

왜 갑자기 나타난 것일까?

생각을 키우려 했지만

갑자기 나타난 촬영거리에 금방 머릿속에서 지워야 했다.

전에 보이지 않던 풍경들이 찍어달라고 나타나는 것 같았다.

색소폰을 부는 중년 신사,

감잎으로 감싼 떡을 팔며 시를 쓰는 노인네,

신림역에 옹기종기 모여 다음 차례를 기다리는 맹인들.

그들과 자연스레 대화를 나누었으며

이상하게 그들에게도 촬영을 싫어하는 기색이 없었다.

비록 고단한 삶을 꾸려가고 있는 지하 생활자들이지만

그 안에 희망이 있었고 생에 대한 사랑이 있었다.

다들 힘겨워도 감사하는 마음을 가지고 있었다.

아이의 작은 손에 쥐어진 사탕이 떠올랐다.

마치 천사들이 내 곁에서 돕는 듯한 기운마저 느껴졌다.

그랬으면 좋겠다.

천사들이 내 곁에서 도왔으면 참 좋겠다.

어린애 같은 생각에 웃음이 피식 나왔다.

이렇게 웃어보긴 오랜만이다.

그 동안 초행길인 방송 제작 때문에

너무나 정신이 없고 지쳐 있었던 것이다.

집으로 돌아오는 길,

도시의 빌딩 숲을 물들이는 석양을 무심히 바라보다가

영혼의 우물 깊은 곳에서 솟아나는

어떤 깨달음에 사로잡혔다.

방송을 위해 면접을 할 때 노인의 모습이 떠오른 것과

도무지 두 개의 다큐멘터리를 할 만한 능력이나 상황이 아닌데

나에게 그것이 주어진 것,

〈지하철 2호선〉이란 제목으로

다시 이 곳에 와서 노인을 만나게 된 것,

이 모든 정황들이 그냥 우연은 아니라는 깨달음이다.

어떤 보이지 않는 불가항력적인 힘에 의해 이끌려왔고

다시 노인을 만나게 된 것은 아닐까.

또 노인을 만나자 내 안에 일었던 희열의 의미는 무엇일까.

주님께서 노인을 다시 만나게 하기 위해

이런 작전을 짜신 것은 아닐까.

그 전설이나 동화에 나올 것 같은 이야기가

현실이고 사실이란 확신이 들었다.

마치 내가 우주의 정교하게 조직된 그물에 걸려 있는 기분.

주님이 이 일을 꾸미시는 것이다.

그 생각을 하자 가슴이 벅차왔다.

눈물이 비집고 나왔다.

만일 그것이 사실이라면 노인을 다시 만나게 될 것이다.

연락할 길도 없고, 수많은 지하철의 이동 가운데

그를 만난다는 건 쉬운 일이 아니지만

주님이 이 일을 기획하신 거라면 반드시 다시 만난다.

아무도 모르는 불변의 원리를 발견한 듯

힘이 없던 두 주먹이 불끈 쥐어졌다.

18

"측량할 수 없는…" 자꾸 이 말이 생각났다.

측량할 수 없는 그 무엇, 내가 헤아릴 수 없는

그 어떤 영적인 흐름이 이 모든 일의 바닥을 흐르고 있다.

다음날부터 지하철을 다니며 기도하였다.

'맨발의 노인을 만나게 해주소서.

그 분을 만나는 것이 주님의 뜻이고,

그것을 통해 당신의 뜻을 드러내실 일이 있다면

다시 만나게 해주소서.'

참으로 알 수 없는 일이다.

남들이 다 미치광이로 여기는 그 노인을 통해서

주님은 무엇을 나타내시려는가.

이제는 궁금함을 넘어 기대감이 차올랐다.

이틀 후 다시 거짓말처럼 노인을 만났다.

"미스 코리아 유관순, Why two Korea,

미스터 코리아 안중근, Why two Korea."

이건 또 무슨 말인가.

노인은 처음 들어보는 멘트를 구사하고 있었다.

"미스 코리아 춘향이, 다 좋은데 그 귀걸이는 너무 비싸."

"다 좋은데 그 모자는 비싼 외제야.

나라의 군비가 너무 많은데. 농가 부채가 너무 많은데."

노인은 젊은이들의 외적 치장을 지적하고 있었다.

그러다가 어린 학생들을 보면 예의 그 장난스런 얼굴로

"미스터 코리아 민영환, 미스 코리아 춘향이,

Why two Korea!" 하고 외쳤다.

그러나 나 자신도 잘 이해되지 않는 그 메시지를

진지하게 생각하는 이는 없었다.

다만 무료한 지하철에서

그저 광인을 통해 잠시 오락을 즐기는 듯한 분위기였다.

그것이 조금 안타까웠다. 아니, 안쓰러워지기 시작했다.

저런 방식이 아니고 다른 좋은 것으로 나눌 수 있지 않은가.

누가 저런 행색과 말들에 귀를 기울일 것인가.

나도 모르게 노인에게 화가 나기 시작했다.

19

"예수 십자가는 생명의 줄기, 평화의 젖줄기,
십자가 십자가 내가 처음 볼 때에 나의 맘에 큰 고통 사라져."
미스 코리아를 외치다가 갑자기 십자가를 말한다.
도대체 무얼 말하는 것인가
촬영을 하면서도 내내 그것을 생각하고 있다.
"너희가 믿는 대로 되리라."
순간 나의 맘을 꿰뚫어보듯 노인이 외쳤다.
그러고는 다시 열린 문으로 나갔다.
이번엔 놓치지 않으리라, 재빨리 따라나섰다.
노인은 나를 의식하지도 않고 앞으로 걸어갔다.
"할아버지."
뒤돌아보지도 않고 자꾸만 나아가는 노인의 등에다 물었다.
"어디 가시는 거예요?"
"예수 천당, 날마다 천당."
처음 만났을 때 했던 똑같은 대답이다.
그러나 이번에도 이 선문답 같은 답이 나를 움찔하게 했다.
"할아버지, 이렇게 추운데 맨발로 다니세요? 안 추우세요?"

"해마다 눈이 녹고 얼음이 녹아도 춥지 않아요. 안심하세요."

다시 친근한 목소리였으나 확신에 찬 무엇이 배어 있었다.

"왜 이렇게 맨발로 다니시는 거예요?"

"통일이 되면 신어요."

"통일이 되면요?"

"남북통일이 되면 신을 수 있어요."

그 때 지나가던 한 노인이 혀를 차며 말을 잘랐다.

"아주 열이 펄펄 나는갑다. 덥지요?"

"예, 덥습니다. 뜨겁습니다."

영하의 날씨에 맨발인 이유가 남북통일 때문이라니….

노인은 이산가족이거나

남모를 전쟁의 고통을 안고 사는 분인지도 모른다.

그 동안 피상적으로 촬영만 하던 것을 넘어서

노인에 대해 좀더 알고 싶었다.

"할아버지, 이건 뭔가요? 뭐라고 쓰신 거예요?"

손에 든 종이에 씌어 있는 문구의 의미를 물었다.

노인은 멀뚱한 표정으로 종이를 내밀었다.

'예수. 만인 구원. 만인 평화',

'50년간 미룬 노예 해방. 38선 직통直通 해방'

숙명宿命의 여정을 받아놓은 존재처럼
노인은 앞으로 나아가기만 했다.

씌어 있는 문구들을 미처 다 읽기도 전에,

"영생왕사, 승리하세요."

그것이 대답이라는 듯 툭 던지고는 앞으로만 나아갔다.

더 무언가를 묻고 싶었지만

어떤 거역할 수 없는 힘이 그 뒤를 따라가지 못하게 했다.

나는 그 자리에 주저앉아 노인의 뒷모습을 촬영했다.

숙명宿命의 여정을 받아놓은 존재처럼

노인은 앞으로 나아가기만 했다.

아무도 의식하지 않는 도도한 이동이었다.

노인에게만 매달릴 수가 없다.

방송 촬영을 해야 했기에 나는 다시 다음 전철에 올라탔다.

다리에 힘이 풀리고 더 이상 촬영을 할 엄두가 나지 않았다.

4호선 충무로역에서 시작된 무기력이

사당역을 지나도록 여전하였다.

이제 어디로 가야 하나.

이대로 막연히 주저앉아 있을 수만은 없다.

'도와주소서. 주여, 도와주소서.'

의도하지도 않은 기도가 새어나왔다.

내 안의 누군가가 그런 기도를 흘렸다는 기분이다.

지하철 노선도를 보다가

조금만 더 가면 경마장이 나온다는 것을 알았다.

경마장, 그래 그 곳에 가면 재밌겠다.

지하철과 경마장이라….

전혀 생각지도 않은 돌발 상황이다.

의도하지도 않은, 피식 새어 나간 기도의 응답인가.

〈경마장 가는 길〉이란 소설을 떠올렸다.

욕망과 절망이 이종교배를 하는 상징이다.

경마장역을 벗어나자

잿빛 하늘을 이고 무수한 사람들이 어슬렁거리고 있었다.

'분위기가 심상치 않은데….'

무기력했던 내 영혼이 다시 전의戰意를 느끼고 있었다.

20

나는 이 서울이야말로 송두리째 하나의 소설이라는 생각이 들어.
나의 일거수일투족이 모두 허구의 세계에서 기획된
허구의 행동에 불과하다는 생각이 들기도 해.

소설 〈경마장 가는 길〉에서 생각나는 문장이다.
작가 하일지에게 인간은 허구의 우상이 깔아놓은 그물망에서
허우적거리는 모순의 집합일 뿐이다.
사람조차 이름은 없고 이니셜로만 표시된다. R, J, A, Q.
각각, 존재의 이유나 당위에 대한 감격과 희열이 없다.
우리가 이 땅을 걸어가야 할 그 순례기巡禮記의 의미란
도무지 없는 것이다.
거대하고 파악 불가능한 허구와 위선이 우리를 조종한다.
삶의 모든 고리가 그렇게 연결되어 진행된다.
아주 상투적이지만, 작가는 지독하게 그것을 풀어놓는 것이다.
경마장 풍경을 촬영하는 것보다 소설의 내용이나
장선우가 각색해 만든 영화가 더 생각났다.
"와아!" 순간 환호성이 일었다.

두두두, 말들이 달린다.

나는 대범하게도 관중석 아래로 내려가

달리는 말과 사람들을 찍었다.

장관이었다. 열광주의의 본산에 온 것 같다.

이 순간만은 살아 있음이 넘친다.

그러나 곧 실망의 어둔 그림자들과 히죽거리는 허탈함이

열광을 잠재운다. 잠깐 술렁이는 여진이 남았을 뿐,

한순간에 천국과 지옥이 교차한다.

영화에서 본 것처럼 마권을 찢어 날리고 욕을 해댄다.

얼마 지나자 지하철역까지 순식간에 수백 미터가

온통 사람들로 메워졌다.

표정들이 마치 연옥의 한 장소로 이동하는 존재들 같다.

조심스레 카메라를 꺼내어 몇 명과 인터뷰를 시도했다.

모두가 인상을 찌푸리고 말하길 싫어한다.

'모두가 허구에 의해 기획되는 허구의 행동이라고 생각해.'

지하철 통로까지 가득 채운 어둔 그림자들.

어쩔 수 없이 그 그림자들에 떠밀려가며

카메라를 머리 위로 들어올려 찍기만 했다.

이 모든 게 허구에 의해 조종당하는 허깨비인지도 모른다.

문득 맨발 노인을 다시 떠올렸다.

해맑은 아이에게 쥐어주던 사탕 두 개가 클로즈업되었다.

아이가 웃는다. 노인도 웃는다. 지하철의 모든 이가 웃는다.

노래한다, 작은 사탕 두 개.

그 편안하고 밝은 색깔, 초록과 연분홍이 지하철을 채운다.

고개를 흔들어 상상에서 깨어났다.

아직도 길게 이어지는 어두운 그림자,

무표정과 공허하고 메마른 침묵.

 노인과 나는 무엇에 의해 기획되고 이렇게 얽힌 것일까.

지나간 과정들을 생각하면 그것은 주님이 연출하신 것이다.

아직 그 이유를, 깊은 의미를 알 수는 없다.

맨발로 다니며 이해가 잘 안 되는 소리를 내뱉는

노인에 불과하지만,

그 만남에서 범상치 않은 기운을 느껴가고 있는 중이다.

하지만 세상과는 다른 차원의 기획과 간섭이 있을 것이다.

아니, 그랬으면 좋겠다.

경마장은 촬영보다 다른 성찰省察을 얻어서 돌아온

휘파람처럼 짧은 여행이었다.

그렇게 돌아다닌 전리품들을 모아

우여곡절 끝에 송년 특집 다큐멘터리를 완성했다.

난생 처음 방송을 시작한 지 두 달여 만에

한 시간짜리 다큐를 두 편이나 해낸 것이다.

좋은 다큐멘터리의 전형을 보여주었고

힘겨운 시대에 밑바닥 인생들을 통해서

희망의 기운을 전해주었다는 평가를 얻었다.

그것은 그리스도가 이 땅에 오셔서 하신 일들이다.

작고 보잘 것 없고 가난한 것들을 통해

강하고 부요한 자들을 무너뜨린다.

정신없이 해낸 것이지만

이 일의 배경에는 하늘의 개입이 있었다고 믿었다.

적어도 내게는 해가 뜨고 지는 일상의 섭리처럼 분명한 것이었다.

그리고 그 섭리의 지향점에는 맨발의 노인이 있었다.

아무도 모르는 일이지만 나는 그것을 절절히 감지하고 있었다.

분명 주님은 노인을 통해 무언가를 보여주시려는 것이다.

그 무엇을 위해 방송이든 무엇이든 사용하시는 것이다.

나는 그것을 만지고 싶었다.

아니, 그렇게 하지 않으면 견디지 못할 것 같았다.

방송을 마친 후 나는 다시 지하철로 돌아갔다.

세상 무엇보다 큰 권세

더 이상 질문이 만들어지지 않았다.

무슨 말이 필요하랴.

세상에 미운 사람 없고, 보기 싫은 사람 없고,

부러운 사람이 없다는 경지, 그것이 최고의 부자요,

세상 무엇보다 가장 큰 권세라는 이 깨달음 앞에,

걸음마다 토해지던 공허의 한숨이,

채워지지 않는 목마름과 갈증들이

그 한 마디로 씻은 듯 날아가버림을 느꼈다.

아무도 이해하지 않아도 그렇게 본질을 외치는 고독.

가짜로 가득한 세상에서 진짜를, 그 길을 외치는,

어느 외로운 선지자의 저녁노을처럼 서러운 다짐을

나는 노인의 독백에서 만질 수 있었다.

21

계절이란 왜 있는 것일까.

누군가는 이렇게 말했다.

"슬픔이나 쓸쓸함 같은 것들을 지워가기 위해서."

1999년을 며칠 앞두지 않았다.

충분히 차창 밖 스치는 나목들만으로도 쓸쓸했을 시절이다.

더군다나 세기말인 것이다.

그러나 지금은 그렇지가 않았다.

무릎까지 찬 차고 맑은 물을 맨발로 걸어가다가

어디선가 모래톱을 일렁이며 솟아오르는 샘을 본 적이 있다.

물속에 또 샘이 있다. 그런 기분이다.

차가운 냉기가 온 세상을 점령했지만

따스한 샘물이 출렁이고 솟아난다.

그것은 어디라고 말하기 힘든 지점이다.

그러나 분명히 있다.

우주의 어느 한 구석이 출렁, 흔들리는 느낌이다.

그것이 위로와 힘이 된다.

걸을 때마다 석류처럼 토해지던 허기가 사라졌다.

노인을 만나러 지하철을 돌아다니지만 막막함은 없다.

곧 노인의 발이 눈앞에 당도할 것 같은 기분.

"볼수록 아름다운 미스 코리아 유관순,

미스터 안중근, Why two Korea."

그 기이한 외침조차 그립다.

이상하게 정겹게, 따스하게 다가온다.

몇 년 전 맨 처음 노인을 만났던 교대역에서 시작하여

3호선을 번갈아 이동하며 노인을 찾아 다녔다.

'할아버지를 만나게 해주세요.

그 분을 만나야 하는 이유를 알게 해주세요.'

같은 기도를 반복하며 다녔다.

어둑해진 저녁 가까이 돼서야 노인을 만났다.

마지막이라고 여기며 다시 돌아온 교대역에서

노인을 가까스로 만난 것이다.

그런데 노인은 사람들에게 빙 둘러싸여 있었다.

전철을 기다리던 중년 몇 사람이 추운 겨울에 맨발로 다니는

노인을 포위하듯 둘러싼 채 혀를 차며 걱정을 하는 중이었다.

"영감님, 그렇게 다니면 큰일 나요."

"걱정 마세요. 이 발은 눈이 녹고 얼음이 얼어도 끄떡없습니다.

동상에 걸린 적 없습니다. 안심하세요."

"아니, 동상에 걸릴 것 같은데…. 영감님, 가서 신발 신으세요."

"어허, 선생님은 김구 주석 닮았습니다. 축하합니다."

"김구가 누구여?"

사람들은 노인을 진정으로 걱정하는 게 아니었다.

마치 정신 나간 작고 연약한 노인을 데리고

심심풀이 장난을 하는 듯이 보였다.

단 한 번도 다른 누구의 이면과 아픔을 헤아려본 적이 없는 듯

노인을 보고 낄낄거리고 수군댔다.

노인은 무리를 떠나 구석으로 나왔다.

인상 좋은 사람이 다가오더니 물었다.

"집이 어디세요?"

"한남동이에요."

"한남동. 그런데 왜 신을 안 신으세요?"

"통일이 오면 신어요."

노인이 힘을 주어 크게 외치자 "와하하" 웃음이 터졌다.

"통일이 오면 신는데 그 날이 올라나."

그들에겐 맨발이며 통일이 오면 신는다는 말이

정신 나간 노인의 것으로밖에 여겨지지 않는 것이다.

"통일이 오기 전엔 절대 안 신으시겠네요?"

조금 전 인상 좋은 사람이 물었다.

"안 신어요. 절대 안 신어요."

다시 와하하 웃음이 플랫폼에 번졌다.

"큰일 났구먼."

노인은 그 비아냥과 웃음에 밀려 한 구석에 서 있었다.

"할아버지, 왜 그렇게 신을 안 신으려고 그러세요?"

맨발로 다니는 것과 통일과는 어떤 관계인지 물어보려고

말을 꺼낸 것이다.

그 때 어떤 사람이 모두에게 들으라는 듯 큰 소리로 말했다.

"이 분은 엄동설한에도 맨발 벗고 다니는 양반이에요.

한 30년 되었어요. 내가 다 알아요."

마치 노인의 증인이라도 되는 듯 크게 외쳤지만

다가오는 지하철 굉음에 가려 전파되지 못했다.

노인을 애 다루듯 걱정하던 무리들은

자기 일이 바쁘다는 듯 우르르 떠나갔다.

그런데 누가 신고를 했는지 지하철 직원들이 와서

노인에게 신을 신으라고 말했다.

"어허, 난 신을 수 없어. 통일이 오기 전엔 절대 안 신어."

노인은 신을 수 없다고 외쳤다.

"통일이 오기 전엔 절대로 안 신어요!!"

그러나 직원들은 노인을 양팔을 끼고 끌고 나가기 시작했다.

참으로 기이한 장면이었다.

신을 신지 않는다고 끌려 나가는 것이다.

엄밀히 따지면 그것은 노인의 자유다.

그러나 사람들은 노인의 발이 문제를 일으키거나

풍기문란을 일으킨다고 생각하는 것이다.

"어허, 난 신을 수 없어. 통일이 오기 전엔 절대 안 신어."

노인은 외쳤지만 젊은 직원들은

노인을 거의 들고가다시피 하며 끌고 갔다.

끌려가는 노인의 몸에서

아주 작고 가벼운 무게감이 전해져왔다.

노인은 저항을 멈추고 순순히 그 강압에 순종했다.

그 작고 가벼운 무게감은 아주 슬프고 고독하게 느껴졌다.

마치 도수장屠獸場으로 끌려가는 어린 양처럼….

그렇게 노인과 또다시 이별을 하였다.

맨발의 이유를 물어보지도 못한 채.

22

드디어 1999년이 되었다.

겨울은 여전히 추웠고 사람들은 여전히 분주했다.

서너 시간을 돌아다녀서야 또다시 노인을 만날 수 있었다.

"나는 공로 없도다. 예수의 피밖에 없네.

아버지여 저들을 용서하여 주옵소서.

저들이 자기의 하는 일을 알지 못합니다."

이번에는 바로 옆에서 촬영하기 시작했다.

노인은 아무 상관이 없다는 듯 자신의 일에만 열중했다.

"미스 춘향이, 미스터 이순신, Why two Korea."

이제는 촬영을 하면서 노인의 말이 귀에 들어오기 시작했다.

그의 행색에만 치중하는 게 아니라

전하는 메시지에 관심과 귀를 기울이자,

그 내용들이 의미 있게 다가오기 시작했다.

"여러분은 하나님의 아들, 딸. 아버지가 해방시키셨으니

영생, 자유, 자주. 그 사랑이 우릴 부르시네."

특히 학생들에게 많이 들려주는

"미스 코리아 유관순, 춘향이,

미스터 코리아 안중근, 이순신, Why two Korea"
이것도 가만 생각하니 매우 의미심장한 것이었다.
겉을 화려하게 꾸민 것이 미스, 미스터 코리아가 아니라
유관순, 안중근같이 나라를 사랑하고
진리와 자유를 위하여 자기를 내던져 희생한 분들이
진정한 한국인이며, 그런 분들이 있다면
왜(Why) 두 개의 코리아(two Korea)
즉, 분단된 조국이 있겠느냐는 것이다.
곰곰이 생각하니 참으로 소중하고 놀라운 내용이었다.
그래서 노인은 젊은이들을 격려하지만
외제 모자라든지 비싼 귀걸이를 지적하고,
어린 학생들에게
유관순, 안중근, 이순신을 닮으라고 외치는 것이었다.
모자의 문구도 새삼 뚜렷이 눈에 들어왔다.
'50년간 미룬 노예 해방, 예수의 피로 직통 해방.'
아마도 노인에게 남북의 분단은 진정한 해방이 아니며,
그것은 그리스도의 피, 십자가로 벽이 헐리고
회복되리라는 것으로 느껴졌다.
귀를 기울이려고 하자 그런 의미들 하나하나가

순이 돋듯 살아나기 시작했다.

그러나 이런 의미들이 다른 이들에게는

거의 전달되지 않는 듯하여 안타까웠다.

"가족들은 계세요?"

한참 후 충무로역 벤치에 앉은 노인에게 물었다.

"오 남매요."

그냥 의례적인 질문이었는데,

오 남매라는 대답이 뜻밖으로 들렸다.

왜 그랬는지 가족이 없을 거란 생각을 했기 때문이다.

"아, 오 남매요."

"예, 다 교육가들이에요."

거기다 교육가라니, 이게 무슨 말인가.

"할아버지가 여기 나와 계신 걸 자녀들이 아세요?"

"알지요…"

노인은 말끝을 흐렸다. 그러더니 갑자기 손을 들어 외쳤다.

"민영환 대감, 누가 말려요. 사명은 각자 각자입니다."

자녀들뿐 아니라 그 누구도 이해 못하지만

자신은 주어진 사명의 길을 간다는 뜻으로 이해했다.

누가 이런 노인을 이해하겠는가.

문득 망령 든, 집에서 천덕꾸러기가 되어버린

노인의 모습이 떠올랐다.

지하철에서는 이렇게 큰소리치지만

집에서는 아무도 이해 못하는 외로운 노인….

안쓰러움이 고개를 내밀었다.

갑자기 노인이 일어서더니

느릿느릿 맨발을 이끌고 어디론가 가기 시작했다.

놓치지 않기 위해 뒤따라 나섰다.

뜻밖에도 노인이 선 곳은 자판기였다.

"할아버지, 커피 드시려구요? 제가 뽑아드릴게요."

"아닙니다. 고생하시는데 제가 대접해야지요."

"고생이라뇨. 할아버지가 고생이시지요."

노인은 막무가내로 율무차를 뽑아 손에 쥐어주었다.

"앞으로 통일이 되면 평양에 가서 밥 공장 주인도 되시고,

하나님의 진리를 전하는 아름답고 향기로운

구령救靈의 용사 되시고."

300원짜리 율무차 한 잔 사주시면서

축복이 너무 거창한 거 아닌가.

"아니오, 할아버지 먼저 드셔야지요."

"아닙니다. 같이 먹지요."

노인이 건네준 종이컵에서 따스함이 전해져왔다.

참으로 정겨운 기분이 들었다.

아무도 관심을 두지 않는 노인과 단둘이 율무차를 마신다.

지극히 작은 자들과 함께 어울리셨던

그리스도의 풍경들이 떠올랐다.

소소한 행복이 묵화처럼 밀려왔다.

이상하게도 노인과 가까이 있으면

마음이 편하고 즐거움이 있었다.

주님도 이런 마음 때문에

작은 자들과 그토록 지치지 않으시고

어울리셨는지도 모른다는 생각이 들었다.

더 이상 촬영을 하기도 뭐해서 카메라를 가방에 집어넣었다.

그저 함께 차를 마시며 두런두런 얘기나 나눠도

만족이 있을 것 같았다.

루오의 황톳빛 낙원,

그 그림자가 길게 드리워지는 만족이다.

23

다시 방송으로 인해 한 달을 보내야 했다.

송년 특집 이후에 새로운 아이템을 찾는 게 쉽지가 않았다.

아이템 회의를 하면서 속으로 기도를 하였다.

'비록 내가 알지 못하지만,

주께서 방송을 통해서 나타내고 싶으신

그런 이들이 있다면 만나게 해주소서.

이 세상 어느 모퉁이에서 살아가든지

진실을 담지擔持한 영혼들을 만나게 하여 주소서.'

겉으론 회의를 하는 척하면서 속으론 그런 기도를 계속했다.

그 때 핸드폰이 울렸다. 김영두 목사님이었다.

이 분은 경기도 고양의 변두리에 사는

친구의 소개로 알게 되었다.

그 외딴 시골의 비닐하우스 교회에 전국에서 수백 명의

흑인 이주 노동자들이 찾아와 예배를 드린다는 것이다.

그 말에 강한 호기심을 느꼈다.

어느 주일에 찾아가자,

정말 인천, 평택, 대구, 안산 등지에서 이 구석에까지 흑인들이 예배를 드리기 위해 찾아오는 진풍경을 만났다.

더욱 놀란 것은 그들의 예배가 아프리카식이라는 것이다.

찬양을 하다가 춤을 추고 울며 기도하고

그러다 아프리카 말인지 방언인지 모르는 소리로

절규하는 장면을 촬영했다.

이렇게 많은 흑인들이 아무도 모르는 이런 시골에서

이토록 애절한 예배를 드리다니,

나는 너무나 큰 감동의 물결에 휩싸였다.

그들을 친자식처럼 여기는 김 목사님 부부의 삶은

이 시대 의인이란 없다고 여기던 나의 고정관념을 부수었다.

그것이 인연이 되어 김영두 목사님과 친하게 지냈다.

그 후 방송을 하느라 잊고 지냈던 그 분이

갑자기 연락을 한 것이다.

순간 내 기도에 대한 주님의 사인sign이라는 생각이 들었다.

김 목사님은 그 비닐하우스 교회가 불법이라 헐리게 되어

기도 가운데 어느 집사님이 빌려준 지하상가가 있는

일산으로 교회를 옮겼다고 했다.

그런데 IMF를 맞아 그 집사님이 부도가 나서

교회 건물이 경매에 들어갔다고 했다.

이 추운 날 흑인 형제들의 예배 처소가 사라진 것이다.

고민과 기도 끝에 문득 내 생각이 나서 전화를 했다는 것이다.

나는 우주의 어디선가 샘물 하나가 출렁이는 것을 느꼈다.

아주 따스하고 기분 좋은 사랑의 샘물,

하나님이 꾸미시고 손을 대시는 그 아름다운 동요動搖.

나는 진정성을 담지한 영혼을 구했고,

김 목사님은 하나님 나라를 위해

당신의 아들인 흑인 형제들을 위하여 눈물로 기도하다가

나를 떠올린 것이다.

당연히 그 아이템은 채택되었고

방송을 하자 엄청난 반응이 있었다.

수많은 이들이 목사님의 삶을 보고

다시 교회를 다니겠다며 그 곳을 방문했고

결국 많은 이들의 헌금과 도움으로 경매에 붙여진

그 교회를 구입하게까지 된 것이다.

나는 하나님의 일하심에 놀랐다.

더구나 그 상가는 이상하게도 열 번 가까운 경매에도

계속 유찰이 되어 결국 가격이 떨어질 대로 떨어졌는데,

그 때 목사님에게 그 곳을 구입할 경비가 마련된 것이다.

나는 이토록 전혀 생각지도 않은 지체들과 상황들을 엮으셔서
당신의 사랑을 열매 맺으시는 그 아름다움에 경탄했다.

깊도다 하나님의 지혜와 지식의 부요함이여
그의 판단은 측량치 못할 것이며
그의 길은 찾지 못할 것이로다
로마서 11장 33절

나는 이 말씀을 온몸과 영혼이 저리도록 실감했다.
그저 한 번만 방송을 하고 그만둔다면, 하고 시작했지만
하나님은 당신의 일을 이루시기 위해
나를 방송으로 부르신 것이었다.
아무런 경력이 없는 자를 들어서
남들이 하지 못할 일들을 이루게 하신 것이다.
이것을 누가 판단하고 측량할 수 있었으랴.
그렇게 한 달 넘게 경기도 변방에서 보내느라
지하철의 맨발 노인을 찾지 못했다.
아니, 생각할 여유조차 없었다.
설날이 다가오자 노인이 떠올랐다.

지하철을 종일 찾아다녔지만 이번엔 만날 수가 없었다.

지하도엔 노숙자들이 더욱 많아졌다.

혹한酷寒은 어려운 시기에도 양보를 몰랐다.

너무 추워서 노인이 나오지 못했나 보다.

혹시 독감에 걸리거나 동상에 걸린 것은 아닐까.

웬일인지 노인이 너무 보고 싶었다.

만나서 따스한 국밥이라도 한 그릇 대접하고 싶었다.

이런 명절 연휴에 광인 같은 노인을 그리워하다니,

나란 존재도 문제적 인간인 것이다.

문득 누군가 집을 물었을 때

한남동이라고 했던 것이 떠올랐다.

무작정 한남동으로 갔다.

'주님이 기뻐하시면 오늘 노인을 만나게 해주소서.'

기도하며 버스에서 내린 한남동의 첫 번째 골목길을 들어섰다.

그런데 이게 웬일인가!

우연히 찾아들어간 골목길 저편에서

노인이 맨발로 걸어오고 있었던 것이다.

거친 아스팔트 길을
노인은 지상의 시간이 아닌 듯 천천히 걸어오고 있었다.

24

나는 거짓말 같은 현실 앞에 순간 망연자실,

꼼짝 못하고 서 있었다.

영혼이 얼어붙는 느낌이었다.

'당신이 원하시면 노인을 만나게 해주소서.'

기도하고 막연히 들어선 첫 번째 골목길이었던 것이다.

그 길에서 노인을 만난다는 건 ,

그 현장에 있는 나 외에

그 전율하는 느낌을 알 수가 없을 터이다.

그렇게 주님이 이 노인과의 만남을 엮으신 것이다.

누가 아니라고 우길 수 있는가.

차가운 기운을 잔뜩 머금은 거친 아스팔트 길을

노인은 지상의 시간이 아닌 듯 천천히 걸어오고 있었다.

그것도 이 영하의 추위를 맨발로….

나는 이 순간을 어찌해야 좋을지 판단하지 못한 채,

노인을 향해 무심코 손을 흔들었다.

노인도 나를 알아봤는지 손을 흔들어주었다.

가슴에 안은 종이판 때문에 작은 몸짓이었지만,

멀리서도 정겨움이 묻어 있음을 알 수가 있었다.

그제야 카메라를 꺼내 노인을 찍기 시작했다.

"할아버지, 이렇게 추운데, 어디 가시는 거예요?"

"얼마나 고마운지 몰라요. 이렇게 찾아주시고."

동문서답이었지만 마치 당신을 찾아오는

나를 만나러 오는 길이라고 하는 말처럼 들렸다.

이렇게 찾아올 줄은 몰랐다는, 반갑고 상기된 표정이었다.

무언가 초월한 듯하던 평소의 분위기가 아니었다.

"요즘도 지하철에 나가셨어요?

날씨가 영하 10도가 넘었는데."

"네, 자주 나갑니다."

"힘들지 않으세요?"

"하나님의 은혜로 만사형통."

참으로 간단하고도 명료한 대답이었다.

하지만 거짓 없는 확신과 기분 좋은 풍요함이 전해져왔다.

내가 걸머진, 화려해 보이나 허울뿐인 지식의 나부랭이가

그 앞에선 초라하게 느껴졌다.

"사람들이 할아버지보고 망령 든 노인네라고 하지 않나요?"

"더러."

다 알고 있다는 것이다.

대부분 이렇게 나와서 무언가를 전하는 이들은

자신과 자신을 바라보는 시선에 무지하고 무관심하다.

하지만 노인은 알고 있었다.

그것만으로도 까닭 없는 안심이 되었다.

"그럼 뭐라고 하세요?"

빙그레 웃으며 노인이 말했다.

"그저 용서해주지 뭐. 잘 모르고 한 것이니까."

노인의 발을 찍었다.

오래된 아스팔트보다 더 거친 발이다.

늦은 오후 햇살을 받아서일까. 그 발은 결코 추워 보이지 않았다.

세상의 거칠고 추운 기운을 다 흡수하는 발처럼 느껴졌다.

"그저 용서해주지 뭐."

가슴 깊은 뿌듯한 숨이 들이마셔졌다.

이토록 명랑하고 기분 좋은 표현이 어디 있단 말인가.

정말이지 영하의 날씨에 얼어붙은 풍경들이

그 말에 녹아 춤을 추는 착각이 일었다.

"할머니는 계세요?"

"우리 집사람, 천사요."

또다시 예상 못한 당황스런 습격을 받았다.

당연히 할머니는 안 계실 거라고 생각하고 물은 것이다.

이런 노인에게 할머니가 있다는 건 상상이 안 됐다.

그저 자식들에게 빌붙어 살거나 천덕꾸러기처럼 용돈이나 받아

지하철로 나오는 것이라 생각했는데….

"우리 집사람, 물에 빠져 죽어가는 사람 뛰어들어 건져주고,

생명의 구원의 천사요."

노인은 전에 보지 못한 어린애 같은 얼굴로

할머니 자랑을 시작했다.

"김포에서 고아원 할 때, 홍수가 나서 사람들이 물에 빠져

떠내려가려는데, 모두가 무서워서 나서지도 못하는데,

우리 집사람이 뛰어들어 사람들을 살려내고 그랬지요."

할머니가 너무 자랑스러워서 말하지 않으면 견딜 수 없다는

표정이었다. 이것만은 이전의 짧고 명료한 대답이 아니었다.

이런 모습은 처음 보는 것이다.

"그럼, 할아버지는 천사하고 사시네요?"

"그렇죠."

노인은 정말 천사하고 사는 양 뿌듯함으로 대답했다.

"하하하, 부럽습니다."

"그러니까 나 같은 사람 참고 살지."

노인은 광인이 아니었다.

이 분은 분명 자신의 가는 길을 알고 가는 것이다.

할머니가 자신으로 인해 힘들어하는 것을 알고 있다는 말에

그런 확신이 들었다.

골목길에 어린 여자아이 둘이

뛰어오다가 노인을 보고 인사를 한다.

같은 동네 아이들이다.

아이들은 이 노인을 어떻게 볼까.

"안녕하세요?"

노인은 인사하는 아이들에게

마치 동화를 읽어주는 할아버지 같은 제스처로 말했다.

"예수 천당, 효자는 대통령보다 성공이오."

아이들을 만나면 늘 해주는 말인 듯싶었다.

아이들은 이 특이한 노인 앞에서도 두려움이 없었다.

"이 할아버지가 잘해주셔?"

"네."

정직한 답이다.

"어떤 할아버지야?"

아이들의 시선이 궁금했다.

그들을 통해서라도 노인의 정체를 감지하고 싶었다.

"친구 할아버지인데요, 참 좋아요."

"좋으셔?"

"네."

"저렇게 하고 다니시는데 안 무서워?"

"맨 처음엔 무서웠는데요, 지금은 안 무서워요."

그러자 더 작은 아이가 강변하듯 크게 말했다.

"아니야, 난 처음부터 안 무서웠어."

아이들에게는 노인에 대한 이상함이나 불안함으로 세워진

장벽이 없었다.

오랫동안 보아온 아이들의 판단이

누구보다 온전할 수 있는 것이다.

"효자는 대통령보다 성공이요, 대학 총장보다 더 성공이오."

노인은 흐뭇한 표정으로 아이들에게

한 번 더 소중한 교훈이라는 듯 말해주었다.

효자는 대통령보다, 대학 총장보다 더 성공이다.

참으로 쉽고도 대단한 성찰省察이 아닌가.

누가 그렇게 단순한 듯 깊은 삶의 의미와 가치를

전해준단 말인가.

노인은 이런 지혜들을 어디서 길어 올리는 것일까.

갈수록 경탄을 자아내게 하는 노인이었다.

"이거 어제 내가 붙인 전도문이에요."

골목길의 벽이며 전신주에 잡지나 신문의 사진과 문구를

오려 붙인 종이들을 가리키며 말했다.

"할아버지가 붙이신 거예요?"

"네, 앞으로 평양에도 북경에도 도처에 붙여야할 텐데…."

노인의 전도문은 세상 그 어디에도 없는 독특한 것이었다.

노인이 평소에 주장하는 것들이

절묘한 디자인으로 담겨 있었다.

마지막 때가 다가오니 사랑의 근원이신 하늘 아버지께

속히 돌아오라는 것이었다.

'절대 자유', '영생의 젖줄기'인 십자가로 돌아오라는 것이다.

브루스 윌리스가 주연한 영화 〈비상계엄〉을 오려서 만든

종말에 대한 전도지에서는 웃음과 해학을 엿볼 수 있었다.

노인에게 지금 이 시절은 매우 심각한 비상사태고

그것을 알려주려 맨발로 다니며 증거하는 것이다.

그러나 그 형식으로 인해 전하고자 하는 메시지는 가려지고

노인의 전도문은
세상 그 어디에도 없는 독특한 것이었다.

웃음거리로 전락한 것이다.

하지만 마음을 열고 다가가 귀 기울인 노인의 생각은

참으로 의미 있는 것이었다.

그 가치를 만진 나로서는 이런 형식들이 안타까울 뿐이었다.

"여기가 우리 집입니다."

순간 깜짝 놀랐다.

서로 약속을 하고 옮긴 발걸음은 아니었는데

노인은 나를 자신의 집으로 안내한 것이었다.

과연 어떤 집에서 살지 궁금했었다.

그리고 움막 같은 초라한 곳에서 살 거라 예상했는데,

노인이 가리킨 집은 뜻밖에도 번듯한 양옥집이었다.

25

"여기가 할아버지 댁이세요?"

"네, 이렇게 좋은 집을 우리 동생이 줬어요."

이런 집에 산다는 게 부끄러운 듯 노인이 대답했다.

붉은 벽돌이 단정하고 정원까지 있는 집.

대문 옆엔 할아버지가 붙인 전도지 몇 개와

특이하게도 너무나 낡은 태극기가 우두커니 걸려 있었다.

아마도 수십 년은 된 듯하였다.

"들어가세요."

마치 손님을 모시듯 노인은 집 안으로 안내했다.

"여기 내 독방, 날마다 내가 작업하는 곳이에요."

노인이 혼자 쓰는 방 입구엔

다미안 신부의 자료와 사진이 붙어 있었다.

"다미안 신부를 아세요?"

"잘 알지요. 모두가 피하는 나환자들을 찾아가

하나님 사랑을 나눈 분이지요. 나환자들이 자신을 받아들이지

않자 그들처럼 문둥병에 걸리게 해달라고 기도했던 분이에요."

노인은 다미안 신부의 삶을 곁에서 지켜본 듯

떨리는 목소리로 말했다.

"결국 하나님의 응답으로 그 자신도 나환자가 됐지요."

"그 분을 어떻게 알게 되셨나요?"

"지금도 그 분의 후예들이 하는 사역을 돕고 있습니다."

다미안 신부의 사역을 돕는다니, 그것도 나를 놀라게 했다.

나는 지금도 그 분의 사역이 있는지조차 모르고 있었다.

세상의 어느 한 모퉁이에는

내가 모르는 따스한 샘물들이 많은 것이다.

사랑으로 울고 웃는 진실들이 많은 것이다.

그들을 다 찾아가 만나고 싶은 충동이 일었다.

이야기를 나누고 울고, 밥을 먹으며

지나간 것들을 나누고 싶었다.

노인의 독방은 온갖 전도문들로 가득했다.

종이란 종이는 다 노인의 작품 재료로 쓰이는 듯했다.

벽마다 빈틈이 없이 문구들로 가득했다.

그 가운데 아이들이 보낸 편지 글들이 눈에 띄었다.

"할아버지, 힘내세요!"

"남북통일이 되면 꼭 신발 신으세요."

"저도 할아버지 본받아서 통일을 위해 일할게요."

아이들에게 노인은 무서운 미치광이가 아니었다.

저런 편지를 받을 수 있음은 노인이 인정받는다는 증거다.

이것저것 신기한 듯 방 안을 둘러보던 나는 색연필로 크게 씌어 있는

찬송가 가사 하나에 전율하듯 얼어붙었다.

온 세상 날 버려도 주 예수 안 버려

너무나 익히 아는 찬송가 구절이다.

자칫 방심했다면 그 자리에 서서 울 뻔했다.

온 세상 날 버려도 주 예수 안 버려,

그것은 나의 고백이기도 했다. 나의 애절한 바람이기도 했다.

순간 누추한 노인의 손을 잡고 가는

예수님의 모습이 떠올랐다.

사람들은 이해하지도 알지도 못하는 노인의 삶을

주님은 알고 계신다!

온 세상이 버린다 해도 주님은 버리지 않으신다.

끝까지 사랑하신다.

도대체 이 노인은 누구이기에 말 한마디, 문구 하나로

영혼에 떨림을 주는가.

그런 상상에 젖어 우두커니 서 있는 내게

노인이 주황색 방석을 가져와 건넸다.

"아니오, 할아버지가 앉으세요."

"아닙니다. 너무나 감사해요, 찾아주셔서."

매우 귀한 손님을 맞은 듯 정중히 자리를 권하더니

다시 밖으로 나가 김이 나는 보리차 한 잔을 가져왔다.

"할아버지 드셔야지요?"

"아닙니다, 난 좋아요."

이번엔 냉장고에서 계란 두 개를 가져오셨다.

웃음이 나왔다.

그리고 또다시 기분 좋은 샘물이 출렁거렸다.

노인은 정말 반가움을 그렇게 표현하는 것이다.

무엇이든 주고 싶으신 것이다.

"아니, 계란도 주시는 거예요?"

"영양보충."

"너무나 많은 걸 주시니까 제가 몸둘 바를… 하하하."

"우리가 잘 대접하면 기쁨이 있는 거예요. 얼마나 고마워요."

어린애 같으면서도 다정하고 따스한 정이 느껴지는 분이었다.

지하철에서 남들이 잘 알아듣지 못하는 말들을 외치던 모습은

이미 내 눈에서 사라지고 없었다.

이상한 눈초리로 쏘아보던 이들이

이 분의 삶을 들여다볼 수 있다면…,

피상적으로 보지 말고 좀더 귀를 기울이고

마음을 헤아려 볼 수 있다면….

"이런 전도문들을 할아버지가 매일 만드세요?"

"그렇지요. 내 몸에 댄 십자가 내가 지고 가리이다."

그런 걸 만들어 전하는 것이 자신의 십자가라는 것이다.

남들이 이해하지 않는다 해도….

노인은 즉석에서 어디선가 온 고지서 같은 봉투를 들더니

색연필로 무언가를 쓰기 시작했다.

뒤늦은 신년 카드를 써주는 것이다.

베드로전서 2장에 나오는 왕 같은 제사장이 되라는 것이었다.

글씨가 힘이 있고 격格이 느껴졌다.

"왕 같은 제사장이 되어 하나님의 택하신 백성으로

어렵고 힘든 이들을 돌보는 하늘의 왕자가 되라고 썼어요."

비록 버려진 재생 봉투에 쓴 연하장이지만 감동이 전해졌다.

노인의 글이나 말들은 정말 단순한 듯하나 가장 적절하고

그 안에 진실이 담겨 있었다.

"고맙습니다. 잘 보관하겠습니다."

"제가 스물두 살에 부름을 받고

이렇게 주님을 따르는 가운데 있지만,

그때는 너무나 불충성, 불순종에 진짜 죄인의 괴수였는데,

주님의 사랑과 자비가 한량없어서 붙들어 주시니까

날마다 감사와 기쁨으로 충만합니다."

"올해 연세가?"

"여든이지요."

그렇게 나이가 많으신 줄은 몰랐다.

스물두 살 때부터 주님을 따랐다고 하니,

육십 년을 그렇게 살아온 것이다.

"힘들지는 않으세요?"

"예수는 나의 힘이요!"

노인이 힘주어 말했다.

노인은 즉석에서 어디선가 온 고지서 같은 봉투를 들더니
색연필로 무언가를 쓰기 시작했다.
뒤늦은 신년 카드를 써주는 것이다.

26

전에는 느끼지 못하던 한 마디 한 마디가

비수처럼 가슴을 파고들었다.

익히 알고 있던 말들이다.

그런데도 노인이 사용하자 영혼을 쩌렁 울리는 힘으로 달려들었다.

"예수는 나의 힘이요."

노인의 집을 나와서도 그 말은 귓가에 맴돌았다.

며칠 후 지하도에서 다시 그 노인을 만났다.

이제는 전혀 다른 느낌으로 만날 수 있었다.

"미스 코리아! Why two Korea,

진짜 유관순, 가짜 아니오! 진짜 이순신, 가짜 아니오."

모두들 여전히 노인을 이상하게 쳐다보았지만

적어도 나만은 그의 진실을 헤아리고 있었다.

진짜는 보기 드물고 가짜만 가득한 세상을 향해

외롭게 증거하는 이 초라한 선지자를.

다시 노인과 함께 한남동에 갔다.

알고 싶은 것이 많았고, 무엇보다도 할머니가 보고 싶었다.

노인과 집에 들어서자

마침 할머니가 밖에 나갔다가 들어오는 중이었다.

"우리 집사람이에요."

노인은 천진한 얼굴이 되어 소개를 했다.

"안녕하세요, 할머니."

불을 켜지 않아 어둑한 거실에서

할머니는 당황한 표정으로 서 있었다.

노인을 따라 웬 젊은 사람이 찾아왔으니 놀랄 수밖에.

"할아버지가 할머니를 천사라 하시던데."

"아이, 뭘…."

할머니는 그제야 웃으며 인사를 했다.

거실의 불이 켜지자 할머니의 얼굴이 눈에 들어왔다.

생각보다 젊고 단아한 미인이었다.

여러 모로 사람을 놀라게 하는 노인이었다.

이런 분하고 사시다니….

"위대한 사람인데 나 같은 바보와 살고 있지."

또 할머니 자랑이다.

"아이, 뭐가 위대해요."

"생명의 천사예요."

노인의 얼굴이 싱글벙글 신이 가득하다.

할머니 이야기를 할 때는 전혀 다른 얼굴이 된다.

그 모습이 보기 좋았다. 아무도 노인의 이런 면을 모르리라.

"그 때는 우리가 고아들을 많이 데리고 있었지요."

노인에게 궁금했던 것들을 할머니에게서 들을 수 있었다.

할머니는 6·25 이후에 할아버지를 만난 이야기를 해주었다.

"그 때는 지금처럼 노숙자들도 많았고 거지들도 많았는데,

서울역 같은 데 가서 그런 분들을 다 데려오시고,

국가나 단체의 보조도 없이 고아들을 많이 길러냈어요.

공항으로 들어가는 그 큰 도로에서 저쪽 인천 국도까지

전부 저희 땅이었는데…."

그렇게 많은 땅을 가진 부자였다니 실감이 나지 않았다.

"결국은 수십만 평의 땅 중에서 우리가 3천 평만 쓰고,

나머지는 전부 동네가 세 동네인가 네 동네로 갈라졌지요."

"어떻게 그렇게 됐나요?"

"전쟁 때 이북에서 피난오신 분들이나 가난한 분들이 와서

'거적때기만이라도 깔 수 있는 자리를 주십시오' 하면

떼어주고 떼어준 것이 그렇게 된 것이지요."

그 동안 노인에 대해 조금씩 놀라고 있었지만

할머니의 이야기를 듣고 난 후 더 큰 충격을 받았다.

대단한 부잣집 아들이었지만 젊은 시절 신앙을 통해

인생의 의미를 깨닫고 나서 그 모든 재산을 팔아

가난한 자들에게 나누어주었다.

그리고 고아원을 세워

수많은 전쟁 고아들을 길러낸 것이다.

할머니의 말을 듣고 나자 처음 노인을 만났을 때

김포에서 개척교회를 할 때 이야기를 하던 것이 떠올랐다.

아, 그것이 그 시절 이야기구나.

병에 걸려 죽어가던 자신을 살려주신

하나님의 은혜에 보답하기 위해 살아가고 있다던….

"할아버지도 김교신이나 함석헌, 유영모 선생처럼
우치무라의 영향을 받으셨나요?"
"그렇지요. 그의 절대 자유, 자주, 영생, 평화!"

27

할머니하고 얘기를 나누는 동안

노인은 독방에 들어가 전도문을 만들고 있었다.

어떻게 그 많은 재산을 가난한 자들에게

나누어줄 수 있었냐는 물음에

노인은 이렇게 대답했다.

"그건 내 돈이 아니고 하나님 돈이니까."

그 말이 전부다.

이 한 마디보다 정확한 답이 어디 있으랴.

노인에게 그런 말들은

결코 멋있어 보이려고 하는 수사修辭가 아니다.

그것은 영혼과 육신에 각인되고 체화體化된 진실이었다.

그러하기에 단순해도 가슴에 와 박히는 것이다.

'나의 돈이 아니고 하나님의 것' 이기에 수십 만 평의 땅도

많은 재산도 힘겹고 고생하는 가난한 이들에게

쉽게 줄 수가 있는 것이다.

가진 것의 얼마를 줄 수는 있다.

그러나 그 엄청난 재산을 내주고

자신은 동생이 준 집에 기거하는 걸 부끄러워하며

맨발로 걸인처럼 다닌다는 건 쉬운 일이 아니다.

그 심연의 비움과 부정의 기저基底가

영혼을 흔드는 무엇을 주는 것이다.

"우리 아버지가 공부 많이 시키셨어요. 동경까지 가게 하시고."

"예?! 할아버지가 동경에서 유학하셨어요?"

"예."

이 맨발로 다니는, 사람들에게 미치광이 취급을 받는 노인네가

동경 유학을 했다니….

점입가경漸入佳境,

그저 거칠고 특이한 맨발의 소유자로만 알고 시작한 이 만남은

갈수록 이해하기 힘든 경지를 지향하고 있었다.

"동경에서 공부할 때 그리스도를 본받아서

가난한 자들을 생각하게 되었지요."

"그럼 김교신 선생이라고 아시겠네요?"

문득 이 노인이 꾸며낸 이야기는 아닐까 하여

슬쩍 물어본 것이다.

그럴 리는 없지만 하고 말이다.

"네, 그 이 이름은 들어보았지요. 만나지는 못했지만."

"함석헌 선생하고 같이 동경 유학한 분인데…"

"우치무라 간조, 절대 평화, 절대 영생, 절대 자주, 자유."

우치무라 간조? 노인이 갑자기 우치무라를 외치는 순간,

그 동안 노인의 행태들에 대한 궁금증의 줄기들이 하나로

모아지며 그 이유와 근원들을 알게 된 것 같은 기분에 젖었다.

신기하게도 그 이름 하나로 모든 것이 모아졌다.

"할아버지도 김교신이나 함석헌, 유영모 선생처럼

우치무라의 영향을 받으셨나요?"

"그렇지요. 그의 절대 자유, 자주, 영생, 평화!"

그렇구나, 그랬던 것이다.

이제야 노인의 이력에 대한 가닥이 잡혔다.

우치무라라면 내게도 매우 의미가 있는 분이다.

어린 시절 예수에 대한 갈망이 커지면서

나는 헌책방에 가서 닥치는 대로 신앙서적들을 사 보았다.

70년대 중반, 중학교에 들어가면서 교회에 다니기 시작했다.

그 때 학생부 전도사님의 설교에는

늘 우치무라, 선다 싱, 조지 뮬러가 등장했다.

아이들은 "쪼지 뮬러!" 라고 강하게 말하던 전도사님의 발음에

웃었지만 나는 그 이름들이 지닌 정신과 열정을 알고 싶었다.

신앙서적도 흔치 않고, 그 갈증을 풀기도 쉽지 않은 시절이라

피라미지만 조숙했던 나는 이리저리 방황도 하고

용돈을 모아 헌책방에 가곤 했던 것이다.

먼저 미우라 아야코, 워치만 니, 에이든 토저 등을 알았고,

그 다음 우치무라 간조의 책들을 탐독했다.

〈구안록求安錄〉, 〈회심기回心記〉,

'설형사' 인지 '설우사' 인지 하는 출판사에서 나온

문고판 책들을 손에 넣었을 때의 흥분과 쾌감.

우치무라는 '왜 기독교인인가' 보다

'어떻게 기독교인이 되었나' 를 기록하고 있었다.

나는 나 자신을 섬세한 관찰의 대상으로 삼았다.

이것은 죄와 눈물과 많은 고뇌 속에서

하늘을 향해 울부짖는 가련한 외침의 하루하루의 기록이다.

그는 자신의 실패와 진보, 죄와 어둠, 기쁨과 희망을 향하는

그 구도求道의 여정을 '항해' 라 불렀다.

"나도 그렇게 항해하고 싶다."

소년 시절의 동경과 갈망을 혼잣말처럼 주억거리곤 했었다.

돌이켜 보면 그것은 기도였는지도 모른다.

나는 이렇게 아직도 밑바닥을 헤매며 항해를 하고 있지 않나.

군국주의 일본의 죄악을 호되게 비판해서

'일본의 양심'으로 불리던 우치무라는

본래 청교도 신학을 추구하였지만 후에 '무교회'로 가닥을 잡고

민족적인 정신을 기반으로 하는 신앙의 여정으로 나아갔다.

그런 사상이 김교신이나 함석헌 등에도 큰 영향을 미쳤고

한국의 무교회주의도 그의 정신을 바탕으로 한 것이었다.

나는 노인이 전하던 메시지의 근원을 이해할 수 있었다.

'민족적인 정신을 바탕'으로 하는 신앙,

누가 알아주지 않아도 홀로 떠나는 고독한 구도의 여정, 항해.

'미스 코리아 유관순! 미스터 코리아 안중근!

Why two Korea!'의 의미도 이것이었다.

'절대 자유, 자주, 영생'을 추구하며

민족과 통일을 말하는 그것도 여기에 기인한 것이다.

심지어 맨발로 다니며 통일이 올 때까지 신을 신지 않겠다는

완고한 고집도 어렴풋이 이해할 것 같았다.

28

"가가와가요? 가가와 도요히코."

"잘 알지요."

우치무라와 동시대에 또 다른 측면에서 가가와가 있었다.

혹시 그 분의 영향을 받지는 않았는지 궁금했다.

가가와는 낮은 곳, 가난한 자들,

밑바닥을 철저히 지향한 분이었기 때문이다.

"제가 거기서 세례를 받았지요."

"가가와 선생 교회에서요?!"

역시 그랬구나.

가가와의 책 〈사선死線을 넘어서〉 역시

어린 시절 나의 마음에 심기운 무엇이었다.

죽음에 이르는 병을 부둥켜안고 찾아간 빈민촌,

그리스도를 본받아 지독한 가난과 절망을 사는 이들과 살아낸

아픔과 감격과 사랑의 나날들. 아니, 천국의 나날들.

어린 시절 그의 책을 읽으며 얼마나 울었는지….

산에 올라가 비를 맞으며

그런 삶을 살게 해달라고 기도하기도 했었다.

아무도 모르는 눈 내린 들판에 누워

나도 주님을 닮아 살게 해달라고 읊조리게 했던 인물이다.

"그 분은 빈민 운동을 하셨지요?"

"제가 그 분의 영향을 많이 받았습니다."

"그러셨군요."

그러고 보니 가가와 선생과 노인은 공통점이 있었다.

둘 다 죽을병에 걸려 절망 가운데서

십자가를 향해 정면 돌파한 것이다.

가장 낮은 자리, 그 죽음의 자리에서.

노인도 김포에서 개척교회 할 때에 위태로운 병을 앓는 가운데

'한량없는 영광중에 주의 얼굴 뵈오리' 라는 찬송과 함께

새 힘과 소명을 얻었다고 했다.

95년 처음 만났을 때 들었던 그 얘기가 생각났다.

그 찬송이라면 541장 '저 요단강 건너편에' 다.

저 요단강 건너편에 찬란하게 뵈는 집

예루살렘 새 집에서 주의 얼굴 뵈오리

주가 내게 부탁하신 모든 역사 마친 후

예비하신 그 집에서 주의 얼굴 뵈오리

빛난 하늘 그 집에서 주의 얼굴 뵈오리

한량없는 영광중에 주의 얼굴 뵈오리

가가와 선생도 노인도 주님이 부탁하신 그 길,

십자가를 지고 가는 그 일에 일생을 드린 것이다.

스스로 택한 고난, 주가 부탁한 역사이기에….

문득 바울의 고백이 들리는 듯하였다.

하나님이 사도인 우리를 죽이기로 작정한 자같이

미말에 두셨으매 우리는 세계 곧 천사와 사람에게

구경거리가 되었노라.

고린도전서 4장 9절

세상의 미말微末, 가장 낮고 천한 곳.

하나님은 당신의 자녀들을 그 길에 두신다.

어리석어 보여도 그것이 하나님나라를 이루시는 힘이다.

기꺼이 순종했던 종들,

화려함과 안락함을 버리고 죽음이 도사리는 그 길에

기꺼이 갔던 잔꽃송이들….

노인의 삶에서 그것을 느꼈다.

"그럼 우치무라 간조는?"

아무래도 노인의 메시지들 가운데는

우치무라의 영향이 있는 것 같았다.

"그 분에게서도 큰 영향을 받았지요. 절대 영생, 자주, 자유, 평화."

더 이상 설명이 필요 없었다.

만일 이렇게 가까이 다가오지 않았다면

나 또한 일시적인 호기심이나

광인 정도로 치부하고 말았을 터이다.

이렇게 나를 이끄신 이는 그리스도이시다.

그렇다면 주님은 노인을 통해

나에게 무언가를 말하고 싶으신 것이다.

우치무라 간조는 '무교회'를 지향함으로

숱한 오해 속에 살아야 했다.

나도 20대 시절 교회의 문제들과 깊이 없음에 절망하면서

김교신의 영향으로 잠시 무교회를 바라본 적이 있다.

그러나 그것은 일시적인 패배주의나

낭만적 회의 정도의 객기로 달려갈 길이 아니었다.

나는 일시적인 방황으로 그 어설픈 여행을 끝냈지만

우치무라가 지향한 본질을 제대로 이해한 이는

드물었을지도 모른다.

이교도의 전력을 가진 그가 진정한 회심자가 된 것은

교회의 문화적 접근이나 논리적 추론이 아니라

삶과 역사 속에서 그리스도의 능력이

나타남을 통해서라고 깨달았기 때문이리라.

그 능력은 자기를 비우고 십자가를 지고 가는

여정에서 생성된다. 그리스도가 그렇게 하셨기 때문이다.

노인의 삶도 그렇게 오해되었는지 모른다.

겉으로 보이는 피상적인 것들만으로 판단되어진 것이다.

어쩌면 주님께서 노인을 만나게 하신 것은

그 속에 있는 본질을 헤아리라는 의미인지도 모른다.

순간 비디오 작업을 한 이후

아주 오래 지속되었던 나의 기도가 떠올랐다.

'이 세상 어느 모퉁이에 있든지

진실을 담지한 영혼을 만나게 해주소서.

나는 알 수 없지만 진실하신 당신은 아시오니

당신이 보여주고 싶은 그 영혼들을,

세상이 알지 못하는 그 풍경들을 만나게 해주소서.'

29

"김구 선생님과 같이 활동을 하시다가
해방 후에 같이 들어온 분이지요."
할머니는 또 다른 놀라운 이야기를 전해주었다.
"할아버지가요?"
놀람의 연속이다.
어떻게 그런 일이, 그렇다면 독립운동을 하셨다는 말인가.
"독립투사로 광복군에서 활동하시던 분이라
좀 독특한 뭔가가 있잖아요, 우리나라에 대해서.
그러한 정신을 그대로 신앙적인 면에 접목시켜서
저렇게 활동하시니까. 교파라 할까요,
다른 계파에 들어가서 일하지 않고
지금까지 독립적으로 전도하시니까 외롭긴 하지요."
나의 생각이 맞았다.
노인은 우치무라 간조의 영향으로
민족주의적인 신앙과 무교회적인 삶을 추구하고,
가가와 도요히코의 영향으로
가난하고 낮아진 삶의 자리를 지향했던 것이다.

게다가 김구 선생 밑에서 독립운동까지 했으니

그 분의 메시지가 남다른 형식을 취하게 된 것이다.

"선생님은 빛난 안광, 빛난 얼굴,

김구 주석 꼭 닮았어. 축하합니다."

왜 노인이 환한 얼굴을 가진 분들에게

그런 축복을 했는지 이제야 이해가 됐다.

민족과 통일에 대한 안목은 김구 선생의 영향을 받은 것 같았다.

노인은 여전히 지하에서 자기만의 독립운동을 하고 있으며

진정한 해방은 아직 오지 않은 것이다.

민족이 통일 되고, 절대 자유와 평화가 넘쳐 날 때

진정한 통일이요, 해방인 것이다.

"기도의 응답으로, 하나님의 축복으로

세상에 부러운 사람이 없고,

무서운 사람이 없고,

보기 싫은 사람이 없고, 얼마나 감사한지요.

부러운 것, 부러운 사람이 없는 사람은 벌를 없이 일등 부자예요.

미운 사람이 없는 사람은 세상의 일등 권세예요.

세상 왕들의 억만 배 권세예요."

어떤 삶이 진정한 해방이냐고 묻자 노인은 그렇게 말했다.

더 이상 질문이 만들어지지 않았다.

무슨 말이 필요하랴.

세상에 미운 사람 없고, 보기 싫은 사람 없고,

부러운 사람이 없다는 경지, 그것이 최고의 부자요,

세상 무엇보다 가장 큰 권세라는 이 깨달음 앞에,

아니 그 삶의 지평 앞에서

나의 허기虛氣, 시퍼런 청춘의 치기에 휘청이며

걸음마다 토해지던 공허의 한숨이,

채워지지 않는 목마름과 갈증들이

그 한 마디로 씻은 듯 날아가버림을 느꼈다.

개운하고 청량감이 스미는 성찰, 통쾌한 자유의 울림.

"말세에 내가 세상에 다시 올 때에 믿는 자를 볼 수 있겠느냐,

진리는 고독해도 날로 담대합니다."

아무도 이해하지 않아도 그렇게 본질을 외치는 고독.

가짜로 가득한 세상에서 진짜를, 그 길을 외치는,

어느 외로운 선지자의 저녁노을처럼 서러운 다짐을

나는 노인의 독백에서 만질 수 있었다.

八福

마지막 웃음

노인은 자리에서 일어서더니 나를 보고 빙그레 웃었다.

그리고 꾹꾹 누르듯 안간힘으로 말했다.

"충성은 열매 가운데 하나요."

그리곤 지하철을 향해 빠르게 달려갔다.

마치 도망치는 사슴처럼.

이렇게 헤어지면 또 언제 만날지 알 수 없는 일이다.

노인을 따라가야 한다고 생각했지만

무언가에 붙들려 꼼짝을 하지 못했다.

지하철 문이 스르르 닫히고 말았다.

노인은 사람들 틈에서 자리를 잡고 앉더니 나를 향해 웃었다.

그리곤 손을 들어 크게 흔들었다.

어디 먼 길을 가는 사람처럼,

다시는 만나지 못할 이별의 몸짓처럼….

30

다시 정해진 방송으로 분주한 나날을 보냈다.

최춘선.

뒤늦게 노인의 이름과 사는 곳을 알았지만 찾아가지 못했다.

가끔은 생각이 나 지하철을 돌아다닌 적도 있었다.

기도를 하기도 했지만 만나지 못했다.

그 대신 새로운 친구들을 사귀었다.

1999년 2월 말,

우연히 이른 아침 촬영을 마치고 가락시장 지하도를 지나다가

차가운 구석에서 하염없이 하모니카를 불며 서 있는

한 사내를 만났다.

단 하나의 음을 반복해서 부는데

아무도 그 사내에게 관심이 없었다.

'저렇게 해서 누가 돈을 줄까.'

그는 노숙자거나 앵벌이임이 틀림없다고 생각했다.

그전 같으면 스케치하듯 촬영을 하고 지나쳤을 터이지만

최춘선 할아버지를 만난 후엔 존재의 이면을,

그 풍경들에 대해 진지하게 접근하는 습관이 생겼다.

"그렇게 하모니카를 불면 얼마나 버세요?"

혹시 많지 않다면 그 돈을 주고 하루를 쉬게 해주고 싶었다.

같이 먹고 얘기라도 나누며 추위를 벗어나게 하고 싶었다.

그렇게 물은 것인데 전혀 뜻밖의 대답이 나왔다.

"한 번도 받은 적이 없어요."

어눌한 말이어서 처음엔 무슨 뜻인지 몰랐다.

"네?"

"이렇게 하모니카 불어서 한 번도 돈을 받은 적 없어요."

사내가 다시 말을 해서야 파악이 됐다.

"아니, 그럼 왜 이렇게 추운데 하모니카를 부세요?"

"하모니카를 불면 행복하니까 불지."

그 말도 정확히 알 수가 없었다.

다시 물어서야 하모니카를 불면 행복하기 때문에

분다는 의미를 알았다. 그 말은 참신한 감동을 주었다.

영화나 소설에 나오는 이야기 같았다.

하모니카를, 그것도 단 하나의 음만을 반복해서 부는 것인데

그것만으로도 행복하다니….

사내는 꾸며서 말하는 게 아닌 듯했다.

발을 절고 손이 굽었으며 약간의 장애도 있는 것 같았다.

그 한 마디에 우리는 친구가 됐다. 친구를 따라다니며

그가 소유한 행복의 풍경들을 만나고 싶었다.

이름은 하늘이, 20년 전에 이사를 가던 식구들과 헤어져

지하도를 전전해온 노숙자였다.

혼자 구석에 서서 하늘만 보며 한숨을 쉰다고

다른 노숙자들이 '하늘이'란 이름을 지어주었다는 것이다.

하늘이가 바라본 하늘을 생각했다.

무엇을 그리워한 것일까.

그렇게 시작한 만남이

계절이 바뀌고 해가 바뀌도록 지속됐다.

방송으로 분주했지만 하늘이를 촬영하며 알게 된

많은 노숙자 친구들을 만나러 갔다.

그러면서 점점 최춘선 할아버지를 잊어갔다.

하늘이는 노인과 다른 매력이 있었다.

인생의 종착점에서 절망의 골짜기를 힘들게 살아가지만

만나면 이상하게 마음이 편해지고 즐거움이 있었다.

'아마 주님도 이래서 밑바닥 친구들을 그렇게 사귀셨나 보다.'

그런 생각까지 한 적이 있다.

그러면서 나는 〈현장르포 제3지대〉에서

〈인간극장〉으로 방송 프로그램을 옮겼다.

아니, 주님이 그리로 나를 옮기셨다.

5부작이나 되는 큰 스케일의 작업을 하면서도

주님의 일하심을 많이 체험했다.

내 친구 하늘이와 두한이, 석현 형 등

잠실역 노숙자들 이야기도 방송을 했다.

방송을 통해 헤어진 하늘이의 가족을 만났고,

알코올 중독으로 죽어가던 석현 형의 소원을 따라

그의 고향 백령도까지 동행하기도 했다.

형은 고향을 다녀온 후 연안부두에서 동사체로 발견됐다.

절망과 좌절, 힘겨운 나날들….

그러나 주님은 용기를 주셨고 나는 그 길을 계속 갔다.

용기를 내어 그 과정을 다시

〈친구와 하모니카〉라는 제목으로 방송을 했고,

수많은 사람들이 방송을 통해

감동받고 삶이 변했다고 전화로, 인터넷으로 소감을 전했다.

"그 동안 노숙자들을 보면 피하기만 했는데

그들도 나와 똑같은 사람임을 알았습니다."

"고2 여학생인데 피디님처럼 잠실역에 가서

하늘이 아저씨의 손을 잡아봤는데 너무 따스했습니다."

여학생이 노숙자를 찾아가 손을 잡는다는 건

혁명과 같은 일이라고 생각했다.

말로는 쉽지만 그것은 참으로 어려운 일이다.

맨발의 노인을 겪으면서

나는 그런 존재들에 이미 자연스러워져 있었다.

그렇게 연단시키신 것이다.

그러나 일반인들에겐 쉽지 않은 일이다.

〈친구와 하모니카〉는 그 해 '한국방송대상'을 타기도 했다.

그러나 나에겐 상의 의미가 중요하지 않았다.

더더욱 "이 세상 한 모퉁이에 사는 진실들을 만나게 하소서"란

기도가 한숨처럼 스며 나왔다.

해갈解渴되지 않은, 원인 모를 근원적인 목마름.

그것이 무엇인가 생각하다가

탈북자 부녀의 삶을 촬영하기 위해 여수로 내려갔다.

여수로 내려가면서 오랫동안 내 삶의 한켠에 방치해두었던

손양원 목사님을 생각하게 되었다.

손 목사님의 사랑의 이력이

여수 애양원에서 새겨진 것이기 때문이다.

두 아들을 잃은 것도 이 지역에 일어난

여순반란사건이 배경인 것이다.

그 분에 대해 영화를 만들려던 꿈을 잊고 있었구나.

내려가는 내내 손양원이란 이름을 생각했다.

그러다가 우연히 탈북자 부녀를 돕는 한 아주머니를 만났다.

외롭게 남쪽 끝에서 살아가는 탈북자 부녀를 위해

쌀이나 맛난 반찬을 해서 갖다 주고

어려움을 상담해주는 따스한 분이었다.

그 아주머니를 촬영하다가 다시 놀라운 사실을 알게 되었다.

31

"제가 찾아뵙는 할머니가 계신데요,

피디님이 보시면 좋아하실 것 같은데…."

촬영을 하다가 아주머니와

그 동안 내가 촬영한 것들에 대해 얘기를 나누고 있었다.

호기심에 넘친 표정으로 듣고 있던 아주머니가

갑자기 그런 말을 꺼냈다.

"어떤 할머니신데요?"

"혹시 손양원 목사님이라고 아세요?"

순간 귀를 의심했다.

"네, 누구라구요?!"

"제가 소개하고 싶은 분이 손양원 목사님이 전도하셔서

애양원에 같이 계시던 분인데, 김수남 권사님이라고….

아흔이 넘었지요."

분명 손양원 목사님에 대한 얘기를 하는 것이다.

생각지도 않던 곳에서 그 분의 이야기를 듣다니….

나는 주님이 무언가 일을 꾸미고 계신다는 생각이 들었다.

"할머니 소망은 손 목사님이 얼마나 예수님을 닮고자 했는지 그 사랑에 대해 증거하고 돌아가시는 거거든요."

이게 무슨 일인가!

손양원 목사님이 전도한 나환자 할머니가

그에 대해 증언하는 것이 남은 생의 소망이라니….

그것이야말로 어쩌면 내가 만들고 싶었던 작품이 아닌가!

그런 분이 있는지도 몰랐지만 만일 그런 할머니라면,

손양원 목사님에 대해 진정한 무엇을 들려줄 수 있을 것이다.

나는 놀라움의 기색을 일부러 감추며

예전부터 손양원 목사님에 대해 다큐멘터리를 만들고 싶었고,

여수에 오면서 잊었던 그 꿈을 다시 생각했다고 말해주었다.

이번에 놀란 건 아주머니였다.

"할머니의 얘기를 듣고 누군가 손양원 목사님에 대해

그런 작품을 만들어주었으면 하고 기도했거든요."

가슴이 벙벙해지고 감격이 샘솟았다.

울 수 있다면 울고 싶었다.

"그 할머니를 만나 뵐 수 있을까요?"

"그럼요. 내일 가는데 같이 가실래요?"

그의 안에서 건물마다 서로 연결하여

주 안에서 성전이 되어가고

너희도 성령 안에서 하나님의 거하실 처소가 되기 위하여

예수 안에서 함께 지어져 가느니라.

에베소서 2장 21, 22절

문득 이 말씀이 떠올랐다.

주님이 당신의 성전과 역사를 위하여

이렇게 알지도 상상치도 못했던 지체들을 만나게 하여

그 꿈을 이루시는구나.

누가 이 사랑을, 이 섭리를 알 수 있단 말인가.

그 일들을 위해 탈북자 부녀를 촬영하러 여수에 오게 하시고,

그들을 돕는 이 귀한 분을 예비하신 것이다.

아주머니는 알고 보니 매우 훌륭한 영혼이었다.

시어머니가 불교 신자여서

그 분을 거스르지 않으려고 교회를 다니지 않지만

누구보다 더 열심히 기도하고 힘겨운 자들을 돕고

무엇보다 엄청난 중보기도를 통해 섬기는 분이었다.

그 안에 있는 진실과 섬김을 주님은 아신 것이다.

그렇게 하여 손양원 목사님의 흔적이 배인 애양원으로 갔다.

이런 만남이 아니었다면

또 분주함에 밀려 잊어버렸을지도 모른다.

애양원 입구, 바닷가 근처에

오래되고 낡은 집 몇 채가 모여 있는 그 곳에

김수남 권사님이 있었다.

아주머니는 맛있는 반찬들과 과일을 가져와 권사님을 섬기고

용돈을 드리고 말벗이 되어주곤 했던 것이다.

자신을 자랑하지 않고 달빛처럼 은은히 섬기는

그 모습이 아름다웠다.

손양원 목사님에 대한 증언을 촬영하러 왔다고 하자

아흔셋의 권사님은 울면서 기도하기 시작했다.

아직 남아 있는 나병癩病의 흔적.

손가락이 거의 없고 얼굴이 다 일그러지고

흉한 외모를 지녔지만 얼마나 간절히

주님을 바라고 사랑하고 그분이 주시는 힘으로 살아왔는지

침을 흘리며 하는 기도만으로도 어림짐작할 수 있었다.

"하나님, 주님을 닮고자 애썼던 당신의 아들 손양원 목사님의,

그 분의 사랑의 헌신에 대해

멀리서 방송을 촬영하는 피디님이 오셨습니다.

이 작고 못난 종이 그 분의 사랑에 대해

세상에 증거하고자 소원했는데

이 피디님을 보내셔서 그 소원을 응답하여주시니

너무나 감사 찬양 드리옵니다."

가슴 깊은 곳에서 거대한 강물이 흐르듯

어떤 영혼이 흐느끼는 것을 느꼈다.

그것은 바로 나였다.

이런 측량 못할 감동의, 인연의 연결 고리 가운데 있지만

웬일인지 한없는 부끄러움이 밀려왔다.

깊은 심연 가운데 아주 작은 내가 부끄러워 고갤 숙이고 있다.

이 보이지 않는 곳에

얼마나 크고 헌신적이고 애절한 사랑들이 많은가.

이런 영혼들을 보고 하나님이 세상을 지탱해주시는 건

아닐까 하는 생각까지 들었다.

그렇게 하여 나는 손양원이라는 사랑의 이름,

예수를 닮기 위해 철저히 자신을 부인하고, 고뇌하고,

십자가를 짊어진, 그 사람에 대한 촬영을 시작하게 된 것이다.

32

김수남 권사님은 어린 시절 나병에 걸려
가족들로부터 방치된 채 살아가야 했다.
일제시대에 요즘도 누구나 피하려는 나병에 걸렸으니
그 심정을 누가 헤아리겠는가.
"그 때 부산에서 손양원이란 젊은 목사님이 부흥회를 한다는
소식을 들었지요. 저는 열여섯인가 하는 소녀였구요.
예수도 믿지 않았는데 누군가가 그 손양원이란 분이
나환자들을 도와준다고 해서 갔습니다."
부흥회가 끝난 후 손양원 목사님은
소녀 김수남을 여수 애양원으로 데리고 갔다.
그리고 그가 순교할 때까지 같이 살았다.
열여섯, 아무도 돌아보지 않는 두려운 미래,
누구도 봐주지 않는 외진 길가에 핀 작약꽃처럼
'희망 없음'으로 버려진 소녀에게
예수를 통해 살 소망과 사랑을 가르친 이가 손양원 목사다.
"어느 날 요 옆의 길로 손 목사님이 걸어오셨지요.
일본 놈들이 극심하게 핍박을 하던 시절인데

너무나 지쳐 보이던 목사님이

'수남아, 밥 좀 있냐?' 하시더군요.

그래서 요 앞 개울가에 가서 돌미나리를 좀 뜯어다가

된장에 그냥 무쳐서 보리밥에 드렸지요.

그랬더니 아주 달게 드시고서 '수남아, 아주 맛있다.

니가 해준 밥이라 참 맛있다' 하시는 거예요."

그 장면이 머릿속에 그려졌다.

순간 가슴속으로부터 눈물이 솟았다.

촬영에 지장을 줄까봐 이를 악물고 참았지만

배어나오는 눈물을 다 어쩌지는 못했다.

울지 않으려고 참고 참으며 인터뷰를 했다.

돌미나리, 된장에 그냥 버무린 돌미나리,

그걸 달게 드시는 손양원 목사님.

자꾸 그 장면이 생각나고

뜬금없는 서러움이 먹먹해지도록 가슴을 눌러댔다.

"어느 날엔가 제가 넘어져서 발에 상처가 좀 났어요.

그런데 밖에서 손 목사님이 부르시더니 들어오셨지요.

발에 난 상처를 보시더니 갑자기 그 상처를 입으로 빠시는 거예요.

그래야 낫는다면서, 피고름이 가득한 상처를…"

또다시 눈물이 솟았다.

이렇게 사랑하고 살았던 것이다.

그러고도 부끄럽고 부족하여

가슴을 치며 살았던 사람들인 것이다.

인터뷰 도중, 아주머니가 밥을 차려 왔다.

같이 있던 나환자 할머니들이 자꾸 먹으라 권했다.

"할머니들도 같이 드시지요" 하고 상 앞에 바투 앉았지만

마음이 불안하다.

마치 나병에라도 걸릴 것을 두려워하는 부끄러운 불안이여.

문득 예수께서 '문둥이 시몬의 집'에서

음식을 드셨다는 복음서의 기록이 생각났다.

이 할머니들은 이미 완치가 됐다.

내게는 이토록 거리끼는 무엇이 있다.

그런데 주님은 그냥 문둥이와 같이 식사를 하신 것이다.

지금과는 다른 시절이다.

거의 인간으로 쳐주지도 않는

추醜한 존재들과 식사를 하신 것이다.

주님 생각으로도 마음은 편치 않았다.

먹는 둥 마는 둥 빨리 수저를 놨다.

나의 누추하고 연약한 영혼이여….

오래 되고 먼지 낀 삼십 촉 전구 아래

우두커니 서 있는 기분이었다.

다미안 신부가 생각났다.

나환자들에게 복음을 전하기 위해

그들처럼 나환자가 되기를 기도했던,

그래서 나환자가 되었던.

그 말을 전해준 최춘선 할아버지가 생각났다.

지금쯤 무엇을 하고 계실까.

문득 노인을 안 본 지 오래되었다는 생각이 들었다.

33

방송 일정 때문에 김수남 권사님과 오래 있을 수는 없었다.

다음에 다시 오기로 하고 서울로 돌아왔다.

돌아오는 길,

최춘선 할아버지를 한번 찾아가야겠다는 생각이 들었다.

방송을 마친 후 지하철로 찾아 나섰지만 보이지가 않았다.

'주님이 원하신다면 노인을 만나게 해주소서.'

속으로 구하면서 몇 시간을 다녔지만 만나지 못했다.

어디가 아프신 걸까.

집으로 찾아가볼까 했지만 웬일인지 그러지 못했다.

다시 정신없는 분주함에 밀려 떠내려가다시피 살았다.

잠시 여유가 생겨 김수남 권사님을 한 번 더 찾아갔다.

장마 후 여름 태풍이 여수 지방을 강타했다는 뉴스를 듣고

할머니가 생각난 것이다.

할머니가 사는 마을도 태풍의 피해를 입었다.

지붕이 흔들리고 앞길이 패이고 난리였다.

다시 손양원 목사님에 대한 인터뷰를 했다.

특히 두 아들을 죽인 사람을 양자로 삼았던,

그 전설 같은 이야기를

현실로 전해 들을 때의 떨림은 충격이었다.

"인간이기에 두 아들을 죽인 자를 용서한다는 것조차

힘겨운 일이 아니었겠습니까?

가슴을 찢어버리고픈 충동 속에서

식음을 전폐하고 주님 앞에 엎드려 있다가 부스스 일어나 드린

감사기도가, '나 같은 혈통에서 순교의 자식이 나게 하시니

감사합니다. 삼남삼녀 중 가장 귀여운 맏아들과 둘째아들을

바치게 하시니 감사합니다. 내 아들 죽인 원수를 회개시켜

아들 삼게 하시니 감사합니다' 였어요."

할머니의 말을 들으며 나는 인간 손양원의 고뇌를 읽으려 애썼다.

그런 감사가 나오기까지 그 심연의 고통은 어떠했겠는가.

얼마나 피가 고이는 투쟁 끝에서 증오와 흑암을 다 비워내고

그런 감사를 얻었겠는가.

죄라면 죽기까지 사랑한 죄밖에 없으신 그리스도께서

그에게 힘을 주셨으리라.

그분도 같이 울고 간구하셨으리라.

두 아들의 장례식, 그것을 집전하는 손양원 목사.

사진들을 찍으며 그런 생각 속에 오히려 마음이 담담해졌다.

하지만 이상하게 더 이상은 인터뷰를 하지 못했다.

왠지 모를 쓸쓸함이 내 속에 있었다.

할머니를 업고 손 목사님이 다니셨다는 길들을 돌아보았다.

장마와 태풍이 지난 후 햇살은 다시 강렬해졌다.

예전에도 있었을 바닷가, 돌미나리를 뜯었을 작은 밭.

"수남아, 수남아 하고 저기서 부르시면서 내려오셨지."

작고 외로운 오솔길, 치마저고리를 입은 나환자 소녀 김수남이

생을 의지하고 살아간 손양원이라는 존재.

자기 이름을 그토록 다정히 불러준

그것만으로도 고맙고 그리운,

그렇게 다정히 누군가의 아프고 힘겨운 이름들을 불러주는

세상의 모든 사랑들.

여기저기 누군가를 부르는 소리들이 환청처럼 웅웅 울려왔다.

장마가 휩쓸고 간 자리 한 모퉁이에

여전히 살아남은 푸른 토끼풀 한 떼가 보였다.

다시 최춘선 할아버지가 생각났다.

돌아가신 건 아닌가.

정말 집에라도 찾아가 뵈어야겠다고 마음먹었다.

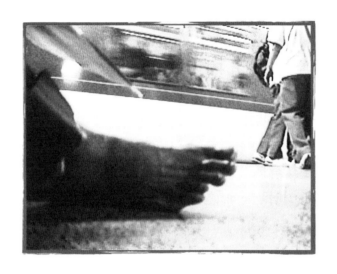

다시 최춘선 할아버지가 생각났다.
정말 집에라도 찾아가 뵈어야겠다고 마음먹었다.

34

다시 세월이 흘렀다.

최춘선 할아버지를 찾아뵈어야지 하고 마음먹었지만

그렇게 하지 못했다.

다시금 방송과 여러 작업들에 끌려 다니고 있었다.

우연히 책상 한 구석에 먼지를 뒤집어쓰고 있는

작은 노트들을 발견했다.

〈거미일지〉.

오랜 친구를 다시 만난 듯 반가움이 전해왔다.

시퍼런 청춘의 의미 모를 함정과 치기,

고민과 그 편린들.

거칠게 적어간 일기 같은 글들 속에

만들고 싶은 비디오 작업들에 대한 구상들이 가득 들어 있었다.

"참 많이도 고민하고 구상했었구나."

새삼 내 자신이 대견하기조차 했다.

그 가운데 눈에 띄는 것이 폴란드의 키에슬로프스키 감독의

〈십계〉라는 열 편의 연작 영화를 보고 구상한

〈팔복八福〉에 대한 것이었다.

키에슬로프스키의 작품들은 십계명을 통해

현대인의 잃어버린 본질을 돌아보는 역작이었다.

나는 그 영화를 앞으로 할 내 작업의 전형으로 삼았던 것 같다.

〈십계〉는 훌륭한 작품이지만

신학적, 철학적인 난해함을 지니고 있었다.

"나는 그리스도처럼 가장 평이하고

작은 일상의 비유들과 상징으로

가장 진실된 삶의 원형인

〈팔복〉을 여덟 편의 영화로 만들리라."

그렇게 씌어 있었다.

키에슬로프스키의 다른 연작인 '삼색 시리즈'를 흉내 내어

지하철 연작을 찍기까지 하던 내가

왜 〈팔복〉을 방치해두었을까.

갑자기 여러 생각들이 중첩되며

주님이 이 땅에 오셔서 전해주신

메시지의 정수精髓인 〈팔복〉을 만든다면

매우 의미 있는 작품이 되겠다는 생각이 들었다.

그 때부터 〈팔복〉에 대한 꿈이

내 속에 싹트기 시작했다.

그러나 가장 평이하면서도 그 안에

깊은 영적 정수를 담는다는 건 쉬운 일이 아니었다.

영화로 만들기 위해 시나리오도 써봤지만 쉽지가 않았다.

다시 방송을 시작하면 한동안 그 꿈을 잊었다가

여유가 생기면 고민을 하곤 했던 것이다.

결국 팔복의 근원이신 주님께 기도할 수밖에 없었다.

'팔복에 대한 영감을 주옵소서. 하나님나라의 정수를 나눌 수 있는

작품이 되도록 지혜를 주옵소서.'

2001년 7월, 촬영 때문에 지방을 다녀오던 중이었다.

지친 몸뚱이를 지하철 의자에 내던지고

무심히 창밖 한강의 풍경을 보고 있었다.

그 때 어디선가 들려오는 아주 익숙한 소리에

내 온몸과 영혼이 반응함을 느꼈다.

"우리 하나님은 자비하십니다.

우리 하나님은 사랑이 많으십니다."

최춘선 할아버지였다.

나도 모르게 지쳐 있던 몸이 벌떡 일어나지고

약간의 흥분과 설렘을 느꼈다.

그리고 그 동안 찾아뵙지 못한 죄책감도 엄습했다.

그전과는 달리 하얀 반팔 옷에 야구 모자를 쓰고

가슴에 종이판은 없었지만

분명한 맨발의 노인이었다.

나는 조용히 카메라를 꺼내어 노인을 찍기 시작했다.

노인은 사람들에게 다가가

하나님의 사랑에 대해 역설하는 것 같았다.

그러나 여전히 사람들은

노인의 말을 무시하거나 비웃었다.

겨울옷을 벗어서일까

전보다 더 왜소해 보이고 어딘가 힘겨워 보였다.

사람들의 냉대와 힘이 없어 보이는 노인의 모습이

안쓰러움을 자아냈다.

어느 젊은이가 인상을 쓰며 나에게 말했다.

"뭘 찍는 거요?"

갑작스런 방해꾼이었다.

"왜 그래요?"

노인을 놓치지 않으려고 나도 퉁명스레 쏘아붙였다.

"뭘 찍느냔 말이오?"

시비를 걸듯이 사내는 화를 내고 있었다.

"저 분은 내 친구요. 오랫동안 친구로 지낸 사이란 말이야."

나도 모르게 그런 말을 내뱉듯 말했다.

사내는 친구라는 말에 주춤거리더니

이상하다는 듯 쳐다보기만 하였다.

하긴 맨발로 다니는 노인과 친구라니 이상하게 여길 수도 있을 터.

다행히 노인은 아직 지하철에 있었다.

하마터면 그 사내 때문에 놓칠 뻔하였다.

거리를 두고 노인을 따라가다가

고속터미널역에서 따라 내렸다.

노인은 나를 보더니 힘없이 미소를 지어 보였다.

"저, 아시지요?"

알고 있다는 듯 고개를 끄덕였다.

전과는 다른 힘없는 모습에 가슴이 저려왔다.

"어디 아프신 건 아닌가요?"

"아니에요, 덕분에 잘 있습니다."

노인은 무심히 신문에 난 생명보험 광고 가운데

'생명'이란 글자만을 찢어주었다.

그전처럼 모자며 가슴에 무언가를 잔뜩 쓴 것들이 없었다.

그래서 더 왜소해 보였는지도 모른다.

"그 동안도 지하철에 오셔서 말씀 전하셨나요?"

"그렇지요."

그리곤 말이 없다. 분명, 그 전과는 다르다.

나는 무심코 노인의 발을 바라보았다.

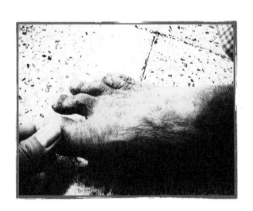

35

전보다 더 거칠고 표피가 쭈글해진 느낌이었다.

마치 오랜 여행 끝에 다시 본래 자리로 회귀하려는 연어처럼,

아무도 모르는 계곡 차디찬 물에

마지막 안간힘으로 생명을 쏟아내고 죽어가는

늙은 그 연어처럼,

만신창이에 핏기 없고 텅 비어진 듯한 발이었다.

나는 허리를 숙여 노인의 발을 만졌다.

처음이다.

왜 그랬는지 모르지만 만지고 싶었다.

노인은 말없이 물끄러미 바라만 보았다.

다시 일어섰지만 둘 다 말이 없었다.

침묵 서원을 한 듯 우리는 아무 말도 못했다.

노인이 건네준 신문지의 광고를 보았다.

'생명.'

이전의 그 모든 주장과 외침을 다 떨쳐내고

이제 이 한 문장만 남은 것 같았다.

'생명.'

그 강직하고 바위 같던 힘들은 어디 갔는가.

그 친근하고 다정한 말투는 어디로 갔는가.

서글픔이 수묵화처럼 어디선가 번져왔다.

지하철이 플랫폼으로 서서히 들어왔다.

노인은 자리에서 일어서더니 나를 보고 빙그레 웃었다.

그리고 꾹꾹 누르듯 안간힘으로 말했다.

"충성은 열매 가운데 하나요."

그리곤 지하철을 향해 빠르게 달려갔다.

마치 도망치는 사슴처럼.

이렇게 헤어지면 또 언제 만날지 알 수 없는 일이다.

노인을 따라가야 한다고 생각했지만

무언가에 붙들려 꼼짝하지 못했다.

망연히 노인의 가는 길을 무의식으로 찍고만 있을 뿐이다.

"충성은 열매 가운데 하나요."

그 말에 감전되듯 붙들린 것이다.

그렇구나,

'충성' 이 성령의 아홉 가지 열매 가운데 하나였구나.

뒤늦은 깨달음에 싸한 전율을 느꼈다.

어떤 새로운 계시의 영靈에 사로잡힌 것처럼

그 말이 불현듯 다가온 것이다.

충성. 순간 바울의 전언이 생각났다.

무명無名한 자 같으나 유명有名한 자요.

고린도후서 6장 9절

왜 그랬는지 그 말씀이 갑자기 떠올랐다.

아무도 모르고 이해하지 못하지만

하늘에서는 우주의 진실들… 사람들에게는 무명한 자요….

그런 생각에 빠져 있는 동안

지하철 문이 스르르 닫히고 말았다.

나는 망연함에서 깨어나 차창 너머로 노인을 찾으려 애썼다.

노인은 사람들 틈에 자리를 잡고 앉더니 나를 향해 웃었다.

조금 전까지

아니, 지금까지 단 한 번도 보지 못한 환한 웃음이었다.

그리곤 손을 들어 크게 흔들었다.

어디 먼 길을 가는 사람처럼,

다시는 만나지 못할 이별의 몸짓처럼….

노인은 손을 들어 크게 흔들었다.
다시는 만나지 못할 이별의 몸짓처럼….

36

노인을 떠나보내고,

이상하게도 뒤따라가지 않은 것이 후회되지는 않았다.

다시 탈진되고 피로가 엄습했다. 허탈하기까지 했다.

흔들리는 손잡이, 삐걱이는 통로의 이음새, 무표정한 사람들을

아무런 생각 없이 바라보고만 있었다.

그 때 문득 어떤 예기치 못한 희열 같은 기운이

영혼의 심연 어디선가 떠올랐다.

"노인을 팔복의 주인공으로 하는 거다!"

그 희열은 그렇게 말하고 있었다.

아니, 외치고 있었다.

'저 노인이 〈가난한 자는 복이 있나니〉의 주인공이다.

노인의 삶은 그 의미에 가장 잘 맞는 것이다.'

전혀 생각지도 못했던 것이다.

나는 그 때까지 〈팔복〉을 키에슬로프스키처럼

영화로 만들 생각뿐이었다.

다큐멘터리로 만든다는 생각을 왜 하지 못한 것일까.

팔복의 정신을 살아내는 이들,

그 본질을 체화해낸 이들을 찾아내어

그들의 삶을 기록하는 것이다.

그것이야말로 그리스도의 진리처럼

누구나 감동에 젖게 할 것이며,

그 본질에 온전히 가 닿을 수 있게 할 것이다.

진정한 삶보다 강한 힘이 어디 있겠는가.

그 동안 방송을 통해 그것을 체험하지 않았던가.

어쩌면 주님께서 이 작업을 위해 그 동안 최춘선 할아버지를

만나게 하셨는지도 모른다는 생각이 들었다.

충분히 그러고도 남을 주님이시다.

측량할 수 없는 당신의 사랑을 결실하기 위하여

세상 진실들을, 세상에서는 무명하지만

우주 가운데 울림을 주는 이들을 기억하시고

서로 만나게 하시는 그 사랑.

오직 사랑 안에서 참된 것을 하여

범사에 그에게까지 자랄지라

그는 머리니 곧 그리스도라

그에게서 온몸이 각 마디를 통하여

도움을 입음으로 연락하고 상합相合하여

각 지체의 분량대로 역사하여

그 몸을 자라게 하며

사랑 안에서 스스로 세우느니라.

에베소서 4장 15, 16절

이 말씀이 거대한 합창처럼 울려퍼졌다.

'세상 어느 모퉁이에 있든지

당신의 진실과 사랑을 담지한 영혼들을 만나게 하소서.

그들의 삶을 기록하고 드러내게 하소서.

사랑을 위하여…'

내 오랜 기도가 그렇게 응답되는 것을 느꼈다.

온 세상 날 버려도 주 예수 안 버려.

노인의 집 벽에 붙어 있던 문구가 다가왔다.

그 어떤 삶의 자리에 처해 있든지

그 안의 진실을 헤아리고 기억하시는 머리이신 그리스도께서

당신의 사랑을 열매 맺기 위하여

전혀 알지 못했던 지체들을 서로 만나게 하시고

합력하여 선을 이루게 하신다.

이 모든 장벽과 파벌과 형식을 넘어서는

사랑의 움직임, 에너지, 섭리를 벅차고

충일한 희열로 느끼고 있었던 것이다.

집으로 돌아와 그 동안 찍은 노인의 테이프들을 찾았다.

책상 서랍 속 수많은 테이프들 중에서

겨우 찾아낼 수 있었다.

노인을 처음 만났을 때 그 순간을 보고 싶었으나 없었다.

출근길 처음 발견한 그 맨발, 기이한 몸짓과 외침들,

신사역 사거리를 횡단하던 그 상상 못할 풍경들이

다 사라지고 없었다.

등이 오싹하고 식은땀이 흘렀다.

큰일이다. 그 장면들이 있어야 하는데….

비록 8mm로 찍었던 것이지만

그 장면이 있어야 시작을 풀어 나갈 수 있을 텐데….

초기에 촬영을 할 때는 테이프를 구하기도 어려워

촬영을 하고 편집을 마치면

촬영본 위에 다시 덮어서 촬영을 하곤 했다.

날마다 촬영을 했기에 엄청난 양의 테이프가 필요했기 때문이다.

그렇게 최춘선 할아버지를 처음 만나던 순간을 지웠나 보다.

먼지 낀 차창, 바람에 흔들리는 비닐봉지,

그런 풍경들로 덮어버렸나 보다.

이렇게 〈팔복〉이란 작품으로 만들 줄은 생각도 못하고….

누가 알았겠는가,

그 작은 만남이 이런 과정으로 치달을 줄….

그 때는 노인의 모습을 그저 기이하고 호기심을 자극하는,

독특한 하나의 풍경 정도로 인식했던 것이다.

세상의 어떤 작은 몸짓에도 그 안에 하나님이 담길 수 있다.

공중 나는 참새 하나, 들의 풀꽃 하나도

하나님이 먹이고 입히신다.

나의 경솔함이 후회되었다.

'주님, 팔복을 편집하려 합니다.

지금까지 제 작업의 모든 과정에 아이디어와 영감을 주셨으니

편집을 어떻게 해야 할지 인도하여 주옵소서.'

고요히 기도하고 테이프들을 보았다.

"역사상 가장 위대한 자비의 초대, 예수 십자가 자비의 초대."

노인과 처음 약속을 하고

다시 교대역으로 돌아와 만나던 그 장면부터 시작이다.

정말 다시 봐도 기이한 행색이다.

맨발도 그렇지만 모자며 가슴에 안고 있는 문구들.

"미스 코리아 유관순, 미스터 코리아 안중근, Why two Korea!"

처음부터 난감함이 밀려왔다.

나야 오랫동안 만남과 이해를 통해

최춘선 할아버지 속의 진실을 알지만,

처음 대하는 이들에게

이 노인의 기이함을 어떻게 '팔복'에,

그것도 "가난한 자는 복이 있나니 천국이 저희 것임이요" 하는

말씀으로 풀어낼 것인가.

막막한 장벽이 가로막는 기분이었다.

거의가 노인을 지하철에서 눈살을 찌푸리게 하는

광인으로 볼 터이다.

내가 오랜 과정 이해한 그것을 짧은 시간 녹여서 보여준다는 건,

참으로 쉽지 않은 일이다.

다시 고요히 기도하였다. 도리가 없다.

이 일을 시작하신,

그리고 영감을 주신 이에게 매달리는 수밖에⋯.

"어찌해야 합니까?"

단 한 마디만 되뇔 뿐이었는데

문득 한 가지 생각이 떠올랐다.

마치 고요한 수면 위로 갑자기 돌고래가 뛰어오르는 듯한

짜릿한 쾌감을 주는 그런 깨달음이었다.

그것은 '이사야'였다. 이사야 선지자,

그 분이 맨발로 다녔다는 말씀을 읽은 적이 있다.

그 동안 노인을 찍으면서도 왜 그것이 떠오르지 않았을까.

그리고 왜 이제야 떠오른 것일까.

그 궁금증에 더 매달릴 여유가 없었다.

거기에서 무언가 해법을 얻을지도 모른다.

급히 이사야서를 찾아 읽기 시작했다.

대강대강 훑어가다가 20장에 이르러 그 장면을 발견했다.

나의 종 이사야가 삼 년 동안 벗은 몸과 맨발로 다니면서

이집트와 에티오피아에게 표징과 징조가 된 것처럼.

이사야 20장 3절(표준새번역)

그는 맨발만이 아니라 알몸으로 3년간 돌아다닌 것이다.

하나님 말씀을 대언하는 선지자였지만

그의 기이한 행적을 모두가 미쳤다고 생각했다.

당시 유다의 백성들은 웃시야 왕 이후

해상무역으로 일시적인 부를 누려,

사치하고 방종하여 우상을 숭배하고 그 당시 팽배하던

위기적 국제 정세를 읽지 못하는 맹목盲目이었다.

이미 환상을 통해 이스라엘의 멸망을 본 이사야는

하나님이 곧 심판하실 것이란 경고를 외치지만

그들은 듣지 않았다.

· 우상과 물질적인 풍요가 그들을 가리고 있었기 때문이다.

이사야는 가장 극명한 상징적 행위를 통해

그들의 상황을 보여주려 한 것이다.

그것이 맨발과 벗은 몸으로 다니는 것이었다.

그러나 아무도 그의 행동에서

하나님의 메시지를 읽어내지 못했던 것이다.

37

이사야는 3년이지만

최춘선 할아버지는 30년을 넘게 그렇게 다닌 것이다.

분명 그 맨발의 행로行路는 헛되지 않은 것이다.

이사야가 삶으로 보여준 그런 기행奇行은

하나님이 시키신 퍼포먼스였다.

당시 악화되어가던 유다의 정치, 사회, 종교의

부패상과 죄악들을 동족이 회개하길 바라는 마음으로

통렬히 고발하는 것이었다.

그 갈망이, 사랑이 없었다면 그런 행위를 할 수 없었으리라.

우리의 이성으로는 도무지 이해가 되지 않는

그 일을 하나님은 왜 시키신 것일까.

결국 앗시리아의 산헤립이 유다를 침공해

히스기야 왕을 굴복시키고

이어 바벨론의 앗슐바니팔이 다시 침략해

유다 백성들은 맨발과 알몸의 신세로

포로가 되어 무수히 끌려갔다.

자기의 현시적인 욕망과 우상이 주는

최춘선 할아버지는 30년을 넘게 그렇게 다닌 것이다.
분명 그 맨발의 행로行路는 헛되지 않은 것이다.

일시적이고 거짓된 부요함에 사로잡히면,

그리고 세상의 가치와 이성의 판단을 넘어서는

본질적인 무엇이 있음을 알지 못하면,

얼마나 처절히 무너지는가를 보여준 것이다.

어쩌면 최춘선 할아버지가

이사야를 모방한 것이 아닐까 하는 생각이 들었다.

그럴 수도 있다.

이사야가 그런 행위를 한 시절과 이 시대가 너무 흡사하다.

자기가 부요하다, 부요하다 하나

사실은 알몸으로 다니는 그 추함을 알지 못하는.

"미스 코리아 유관순, 미스터 코리아 안중근, 가짜 아니오."

모두가 거짓과 우상을 깨는 메시지였다.

"통일이 오면 신어요!"

그 외침이 귀에 절절이 울려 퍼졌다.

맨발로 다님은 모세가 거룩한 땅에서 하나님 음성을 들었을 때,

자신의 냄새 나는 옛 사람과 자아를 벗어버림과 다른 무엇이다.

그것은 그렇게 통일을, 사랑과 나눔, 회복을

입으로 즐겨 말하지만 사실은 거짓된 경건,

포장된 수사임을 고발하는 행위이다.

과거 주류를 벗어난 하나님의 역사 속에도

그런 기이한 형태로 살아간 이들이 있었다.

그는 교회나 수도원 안에서가 아니라,

일반 대중들 안에 섞여 살면서 혹독한 고행과 기행을 통해

교회와 사회의 윤리적 악을 고발하고

미래를 예견하는 예언자적인 존재들이었다.

러시아정교회 역사를 공부하다가 만난

아바쿰Abachum이란 수도사도 그런 존재였다.

그들은 자신의 내적인 성스러움을 감추기 위해

헐벗고, 더럽게 하고

일부러 사람들의 경멸을 유도하기까지 했다.

그들은 이런 삶의 양태를 '성聖바보'라 불렀는데

그리스도를 닮아 자기를 일부러

'비천卑賤과 멸시'에 처하게 하는 십자가의 행위였다.

자신의 부요함, 자신을 드러냄,

이 세상에서의 자랑과 상급을 추구하지 않는 순례자들이다.

잘 알려지지 않은 이 '성聖바보'의 코드는

15~17세기 초 러시아 땅에서 절정을 이루었다.

그들은 교회의 분리와 세상의 타락,

정치적 혼란과 우상의 시대에 더 많이 드러나게 되었다.

당시에도 세상은 그들을 이해하지 못했고 무시하고 경멸했다.

그러나 하나님은 그들의 삶의 상징 속에 깃든 진실과

그리스도를 닮고자 하는 뜨거운 열정을 보았으리라.

최춘선 할아버지를 다시 만나 왜 맨발로 다녔는지,

그 진정한 의미는 무엇인지,

이사야에게서 영향을 받은 것인지,

그리고 이런 '성聖바보'들의 전통에서

그 에너지를 흡수한 것인지 물어봐야겠다고 생각했다.

그 분이라면 충분히 그럴 수도 있다.

연로해서 발음이나 어투가 우리 시대와 잘 부합되지 않는

부자연스러움이 있지만 동경 유학까지 한 분이다.

오랜 세월 공부와 삶으로 승화된 말씀의 정수가

그토록 간결한 답들로 감동을 준 것이다.

그런 깨달음들이 스미자 편집이 시작되었다.

아직은 잘 모를 수 있다.

편집을 하다 보면 더 새로운 방향과

측량 못했던 감동이 잡히리라.

지금까지 노인과의 만남이 그러했듯이… .

편집은 어렵지 않게 풀려나갔다.

노인을 만나는 과정을 시간적으로 담아내도

나름의 감동이 가능했다.

이렇게 기다리고, 만나서 같이 다니고,

그 오랜 시간들을 사귀었구나.

그리스도가 아니라면 이 만남은 없었으리라.

우리를 이렇게 연결시켜 간 이도 그분이시다.

중매하고 빙그레 웃으며 지켜보신 주님.

최춘선 할아버지가 율무차를 사서 건네주는 장면에선

그 따스함이 전해왔다.

만나고 싶은 마음에 기도하고 무작정 들어간 한남동의

골목길에서 노인을 발견했던 그 형용 못할 충격과 전율….

"예수는 나의 힘이요!"

"진리는 고독해도 날로 담대합니다."

말씀 하나하나가 가슴에 사무치고 감격이었다.

참 잘 만났구나, 참 아름답구나.

'가난한 자'의 진정성을 노인은 보여주었다.

그는 맨발로, 그 누추함으로 비웃음과 경멸의 대상이 되었지만,

엄청난 재산, 시간, 이생의 부요, 누릴 행복,

모든 것을 다 내어주고,

'천국의 나날'을 살아간 것이다.

그리스도를 닮고자 스스로 가난해진 것이다.

더 이상 설명하지 않아도 그 삶의 여정 속에

'가난한 자'가 무엇인지 알 수 있었다.

참으로 이런 분 속에 있는 진실을,

그 사랑을 알아보시는 주님이 너무 좋았다.

세상에 드러나고 화려하고

상석上席에 앉아 누리려는 이들이 얼마나 많은가.

그러나 이런 초라하고 작은 몸짓을 사랑하신 것이다.

눈물이, 그 사랑에 대한 감격이 솟구쳐 올랐다.

그러나 아직도 궁금하고 풀리지 않는 무언가가 있었다.

그것이 무엇인지 가늠하기 어려웠다.

다시 짬을 내어 노인을 찾으러 나섰다.

38

2002년 초여름, 후두둑 비가 내리고 있었다.

마치 영화의 한 장면처럼 지하철 차창 밖으로 스치는 풍경과

다니는 곳마다 노인과의 추억이 떠올랐다.

그러나 아무리 돌아다녀도 노인은 만날 수 없었다.

그 전에 알고 있던 노인의 집 전화번호를

어렵게 찾아내 걸었지만 받지 않았다.

'최춘선 할아버지를 만나게 해주세요.'

아무리 기도해도 노인은 나타나지 않았다.

기분으로는 어린아이처럼 '짠' 하고 나타날 것만 같았다.

교대역에서 대화역에 이르기까지 3호선을 왔다갔다하며

다 다녀보았지만 허사였다.

어디로 가신 걸까. 어디 아프신 건 아닐까.

문득 마지막 만남과 헤어짐이 떠올랐다.

모든 것을 다 비워낸 듯한 그 모습,

어디 먼데를 가듯 손을 들어 크게 흔들며 웃던 그 모습.

순간, 등골이 오싹해지며

돌아가신 건 아닐까 하는 생각이 들었다.

급히 신사역으로 갔다.

처음 만났을 때 노인은 거기서 한남동으로 갔다.

그렇다면 신사역에 계신 분들은

노인이 지하철에 오는지 알 것이다.

급히 나가서 표를 파는 역무원에게 물었다.

"저, 맨발로 다니시는 할아버지 있잖아요?"

갑작스런 물음에 역무원은 순간 당황하더니,

"아, 이상한 거 적고 다니는 분."

"네, 그 할아버지 혹시 최근에도 지하철에 오셨나요?"

"아니요, 요즘은 못 봤는데…."

가슴이 철렁 내려앉았다.

"정말 요즘은 안 보이셨나요?"

"안 보인 지 꽤 오래된 것 같은데."

표를 사려는 이들이 기다리고 있어 더 이상 묻지 못하고

근처의 구내 편의점에 들어갔다.

주인인 듯한 노인이 급히 들어오는 나를 물끄러미 보았다.

"뭘 드릴까?"

"저, 혹시 맨발로 다니시는 노인 분 있잖아요. 혹시 아세요?"

"알지요. 근데 그 노인 죽었어."

"정말요? 정말 돌아가셨어요?"

그랬구나, 그 때가 마지막 만남이었구나.

"그런데 어떻게 아셨어요? 언제 돌아가셨죠?"

주인은 이상하게 훑어보더니,

"거, 이상하네. 어떤 아주머니도 찾아와서 묻더니···."

나 말고 노인을 찾는 이가 또 있었다니···.

"어떤 아주머니요?"

"같이 자원봉사를 다니던 분이라는데, 그 영감님이 안 나오신다고
지하도에 오면 알 것 같아서 왔다면서 묻더라구."

"자원봉사요?"

노인이 자원봉사를 다녔다는 말은 못 들었다.

"그 영감님이 날마다 여기 들러 빵을 만 원어치씩 사갔거든."

"빵은 왜요?"

"그걸 당신이 드시는 게 아니라
노숙자들하고 힘든 사람들에게 날마다 나누어주었지. 그리고
어딘진 모르지만 다른 곳에서도 자원봉사를 많이 한 모양이야."

지하철에서 외친 것만이 아니라

내가 알지 못하는 시간과 풍경 속에서

그렇게 다른 사람들을 섬겼구나.

아, 어쩌면 나는 그 분의 작은 일부분만 알고 있는지도 모른다.

"언제 돌아가신 건가요?"

노인은 머리를 들어 잠깐 생각하더니,

"잘은 모르지만 몇 개월 됐지, 아마."

손님들이 많이 와서 더 이상 물을 수가 없었다.

그 때가 마지막이었던 것이다.

"충성은 열매 가운데 하나요."

그렇게 불쑥 던지시고 떠나실 그 때.

최춘선 할아버지는 그것이 마지막 만남임을 알았던 것이다.

다리가 풀리고 가슴이 꽉 막힌 듯 조여왔다.

노인이 걸어 올라갔던 신사역 지하도 계단을 올랐다.

매일 이 길을, 차디찬 시멘트 길들을 맨발로 다녔던 것이다.

밖에는 아직도 비가 내리고 꽃잎들은 떨어지고,

사람들과 차들은 아무런 일도 없다는 듯

무심히 갈길을 갔다.

어디로 가야 하나, 나는 정처가 없었다.

39

"차디찬 겨울밤을 건널 때는 〈야생초 사전〉이라도 펴놓고

풀 이름, 나무 이름이라도 외우며 견딘다"는

어느 시인의 글이 생각났다.

마음이 막막한 자의 경전처럼,

그 속으로 난 사랑과 죽음의 길이 가난하게 지워질 때까지,

비는 밤이 지나도록 그칠 줄 몰랐다.

먼데, 어느 개울 밑

푸른 바닥을 기어가는 달팽이 같은 기분이다.

나에겐 〈야생초 사전〉이 없었다.

책장을 이리저리 둘러보았지만 눈에 들어오는 것이 없다.

'그래, 이러지 말자. 그냥 편집을 하자.'

무심하고 담담한 스스로의 작은 맹세가 일었다.

다시 편집기의 전원을 켰다.

빨간 불들이 들어오자 무언가 살아나는 기분이다.

마지막으로 만났던 장면들을 찾아냈다.

무심코 만지고 싶었던 발,

그 장면에서 실제인 듯 그 거친 질감이 느껴진다.

얼마나 아팠을까.

통일이 오면 신겠노라고 강하게 외치셨지만

이 세상은 부드럽고 평탄한 길만이 아니다.

못에 찔리기도 하고 돌부리에도 채였을 것이다.

그 영하의 추운 날엔 사람의 발인지라

여전한 고통이 있었으리라.

"충성은 열매 가운데 하나요."

툭 던지기 전에 지어 보였던 잠깐의 미소.

가슴이 미어진다.

마지막 정언처럼 그 말을 남기기 위해 애써 웃었을까.

아니면 아무도 모르는 나와의 추억을 떠올린 걸까.

그리고 떠나면서 환한 미소와 크게 들어 보인 손,

분명 노인은 그것이 마지막임을 감지한 게다.

분명하다.

나 이제 간다.

한 많았고 힘겨웠지만 그래도 즐거웠다.

천상병 시인의 말을 빌자면,

"이 세상 소풍이 그래도 아름다웠다고

거기 가서 말하겠노라"고,

그렇게 나직이 외치는 것 같았다.

노인이 떠나가고 나서도

전철이 어둔 터널 속을 사라질 때까지 우두커니 서 있던

그것을 마지막으로 편집을 끝냈다.

〈가난한 자는 복이 있나니〉를 마치고 나니

〈의에 주리고 목마른 자는 복이 있나니〉의 주인공이 떠올랐다.

흑인들의 아버지로 살아가는 김영두 목사님이다.

'의義'란 무엇인가.

막연하지만 그 분을 생각하니 그런 삶이 아닌가 생각되었다.

촬영을 하고 편집을 하면서 '의'의 의미를 찾아보자.

그 생각을 마치자 이번엔 '온유한 자'의 주인공도 떠오르고,

'애통하는 자'의 주인공도 떠오른다.

아궁이에 수없이 태워진 부지깽이도

봄이 오면 싹을 틔우고 싶어한다고 했던가.

묶여 있던 고리를 끊고 하늘로 솟구치는 독수리처럼,

놀랍게도 한 달 안에 그 모든 걸 해치웠다.

이제는 내레이션을 녹음해야 한다.

〈팔복-가난한 자는 복이 있나니〉를 생각할 때

떠오르는 목소리가 있었다.

방송을 통해 전부터 알던 탤런트 정애리 씨다.

그 분의 신앙과 헌신을 알고 있는 터였다.

언젠가 김영두 목사님의 교회가 경매에 부쳐졌을 때

흑인 형제들이 한겨울에 예배드릴 처소가 없어서 고민할 때

우연히 그것을 정애리 씨와 나누게 되었다.

그 때 그 일을 너무나 안타까워하며

양평에 있는 자신의 별장을 예배 장소로 내주겠노라 했었다.

김영두 목사님이 그 곳을 방문했지만

거리가 너무 멀어 어려움이 있었다.

그러나 그 마음에 우리는 무척이나 감동하였다.

쉬운 일이 아니다.

그런 정애리 씨의 목소리가

최춘선 할아버지를 가장 잘 품어내고 이해할 것 같았다.

마침 기독교방송국에서 진행을 하던 프로그램의

담당 피디가 아는 후배였고 그런 의향을 전했다.

정애리 씨는 기꺼이 하겠노라고 했다.

방송 녹음을 하다가 도중에

내가 준 원고를 읽어나가기 시작했다.

화면으로 노인을 보지 않고 그냥 글만 읽는 것이다.

그런데 도중에 정애리 씨가 울먹이기 시작했다.

단 한 번도 보지 못한 맨발의 노인,

그 삶의 간략한 행간에 스민 풍경만으로도

그녀는 울고 있었다.

40

심령이 가난한 자는 복이 있나니

천국이 저희 것임이요.

마태복음 5장 3절

나는 이 말씀의 의미가

과연 노인의 삶에 부합하는지 생각해보았다.

'심령이 가난하다' 는 것은 무엇인가.

마태가 쓴 '가난' 은 '프토코스ptochos' 란 단어다.

지독한 '빈곤' , '비천卑賤' 이다.

이것이 영의 문제냐 물질의 문제냐에 대해서는

큰 고민을 않기로 했다. 그것은 그 모든 것을 아우르는 것이다.

영혼과 육신에 이르는 처절한 '자기비허自己卑虛',

그것이 아니었다면,

그렇게 비워내고 하늘의 본질로 채우지 않았더라면,

그렇게 조롱과 무시 가운데서도 수십 년을

맨발로 다니며 복음을 전하지 못했으리라.

노인은 그 삶만으로도

어느 정도 그것에 부합된다는 생각이 들었다.

그는 부유한 집의 자손이었지만

그것을 가난한 이들에게 나누어주고 스스로 가난해졌다.

인생을 통하여 아무것도 소유하지 않고

모든 걸 내어주신 그리스도를 닮고자 애쓴 것이다.

그리하여 진정한 '가난'이란 무언가에 대해 설명하지 않은 채,

그 분에 대한 사람들의 증언을 자막으로 남겨놓았다.

"날마다 빵을 사서 노숙자와 구걸하는 이들에게 나눠주었고,

수많은 어려운 곳을 찾아 자원봉사를 했습니다."

이것만으로도, 이 작은 충성만으로도

노인의 삶은 충분히 가난했으며 아름다운 것이다.

완성된 작품을 주변에 모니터 해봤다.

모두 가슴을 짠하게 하며 묘한 울림으로 이끈다고 고백했다.

눈물을 흘리는 친구들도 있었다.

그것이면 됐다.

이 소박한 작품을 그런 작은 감동으로 나눌 수 있다면 만족이다.

나는 이 〈팔복〉 시리즈로

앞으로 해보고 싶었던 작업들의 기반을 삼고자 했다.

만일 이런 감동을 보유한 여덟 편의 작품을 가진다면 그것으로

제작에 필요한 비용을 마련할 수 있을 거라고 생각한 것이다.

그 동안 방송을 통해 많은 작업과 체험을 했지만

기독교적인 주제와 정신을 담은 작업에 대한

갈망이 늘 흐르고 있었다.

무엇보다 〈팔복〉을 완성하고 싶었던 것이다.

그러나 5부작이나 되는 〈인간극장〉의 제작 과정은

도무지 그 작업에 몰두할 여력을 주지 못했다.

그리고 연출과 촬영을 겸하는 나에게는

너무나 몸을 지치게 하는 일이었다.

'방송을 그만하고 주님의 정신을 담는,

하나님나라와 의를 담아내는

그런 작업을 할 수 있도록 도와주세요.'

남들은 방송을 하고 싶어 안달인데

나는 방송을 그만하게 해달라고 기도했던 것이다.

당시 〈인간극장〉의 팀장을 맡고 있었고

여러 관계 때문에 방송을 쉬고 싶다는 표현을 할 수가 없었다.

그런데 제작팀 내부의 어떤 문제에 의해

그 기회가 자연히 오게 되었고

아주 절묘하게도 그 과정에서

그토록 원하던 쉼을 얻게 되었다.

주님이 내 기도를 들어주셨구나, 확신이 들었다.

그리하여 〈팔복〉을 하나씩 완성하게 된 것이다.

하고픈 작업에 대한 자유는 얻었지만

그것을 지속하려면 경제적인 해결책이 있어야 했다.

〈팔복〉을 판매할 수 있다면

그 문제가 해결될 텐데 하는 마음을 가진 것이다.

내 작업에 관심을 가진 여러 사람들을 만나게 되었고

〈팔복〉을 보고는 감동하여

이것을 사업적인 것으로 승화시키려는 움직임이 일었다.

유명한 사업가, 목회자 등 많은 분들이 연결되어

회의를 하고 계획을 세우기도 하였다.

큰 자본에 대한 이야기가 오가고, 이런 것으로 한국 교회의

문화적인 틀을 바꾸자는 열정들이 범람했다.

나도 그 동안 축적한 신학적이고 기독교적인 많은 아이디어를

내놓고 기염을 토하며 새로운 길들을 탐닉하였다.

사업적인 것들도 중요했지만 무엇보다

많은 이들과 나누고 싶었다.

최춘선 할아버지를 비롯한

주님의 사랑과 진실을 담고 산 이들을

이 거짓과 우상의 시대에

하나의 '도전'으로 내놓고 싶은 욕심이 있었다.

그러나 많은 기대를 했지만

이상하게도 그 과정들은 내게 힘겨움으로 다가왔다.

몸을 제대로 가눌 수 없을 정도의 서슬 푸른 힘겨움과

흥분으로 회의 도중 뛰쳐나가기도 했다.

무엇 때문일까.

나 스스로는 '컴맹'에 가깝지만 인터넷에 관심이 많았다.

차라리 인터넷에 이런 작업들을 올리면

더 많은 이들과 나눌 수 있을 텐데….

좋은 분들과 열정을 나누었지만

사업적인 것들에 체질적으로 적응을 못하는 나를 보았다.

내가 〈팔복〉의 정신에 위배되는

장사꾼이 되려 했던 것은 아닌가,

부끄러움이 밀려왔다.

41

결국 여러 사람에게 부담만 안기고

〈팔복〉을 사업화하려는 계획은 내 스스로 깨뜨리고 말았다.

어떤 현실적인 조직과 사업적인 틀거지에 힘겨워하며

적응 못하는 나를 보았다.

아니, 그보다는 광야 같은 거친 세상 속에서

맨발 노인 같은, 들풀 같은 사람들을 만나던 나에게

그 현실들은 적응하기 어려웠는지도 모른다.

주님의 진실을 지향한다고 했지만,

〈팔복〉을 팔아서 장사를 하려는 마음이

내 안에 교묘히 숨어 있었는지도 모른다.

그런 자책이 내 안에서 웅성웅성 끊임없이 시위를 했다.

그런데 한 가지 놀라운 일이 벌어졌다.

사업을 진행하려는 과정 속에서 우연히 20대의 아이들과 연결됐다.

대구에서 순수하게 잡지를 만들던 아이들이었는데

이 〈팔복〉에 대한 사업을 진행하던

재미교포 사업가 친구가 그 아이들을 나에게 소개했다.

그 친구는 〈팔복〉만이 아니라

나와 함께 인터넷에 웹진을 만들고 싶어 했다.

팔복에 나오는 풍경 같은 이미지와 문화적인 코드들로 채우는

인터넷 잡지를 위해 대구에서 작업하던 요셉이와 유리,

광주에서 와 합류한 진경이란 아이를 만나게 한 것이다.

그리고 전부터 안면이 있었지만 그 시기에 우연히

〈팔복-가난한 자는 복이 있나니〉를 본 음악을 하는 도현이와

비디오 작업을 배우고 싶어 하는 동석이 등 많은 동생들이

함께하게 되었다. 이 친구들은 여러 가지 문화적인 감성과

인터넷 감각을 지니고 있었다.

그런데 황망하게도 그 사업이 깨져버린 것이다.

아니, 내 자신이 깨뜨려버린 것이다.

여러 사람들에게 누를 끼치는 것이지만

내 안의 시위가 더는 견딜 수 없게 했다.

이렇게 가는 건 아니다.

그저 주님께 내어놓고 모두에게 이 진실들을 만나게 하자.

결국 나와 그 아이들만 우두커니 남게 되었다.

우리는 모두 흩어져야 하는 운명에 처하게 되었다.

〈팔복〉을 파는 사업을 통해

그것이 많은 이들에게 나누어진다는 꿈을 가졌지만

내 체질은 이미 야인野人이었던 것이다.

그렇게 남은 아이들에게 우리가 아무것도 가진 것 없지만

인터넷에 삶의 진정성을 담는 풍경을 만들어보자고 제의했다.

〈팔복〉의 정신을 영상만이 아니라 사진과 글, 음악 등

다양한 형식으로 표현해보자고 했다.

그리고 그것을 주님이 어떻게 결실하시는지 지켜보자고.

이미 〈팔복〉을 통해 나의 작업에 공감을 하던 친구들은

기꺼이 그 제안에 동행하기로 했다.

그것이 〈버드나무〉라는 사이트를 만들게 한 것이다.

〈팔복〉을 팔아 제작비를 마련하려던 나는 그 꿈을 버리고

〈버드나무〉에 동영상을 올렸다.

마치 '오병이어' 처럼 주님께 내어놓은 것이다.

'저는 이미 팔복을 촬영하며 누릴 수 있는 축복을 얻었습니다.

그런 영혼들을 만난 것만으로도 큰 상급임을 고백합니다.

이제 이것을 주님 앞에 고요히 내놓습니다.

축사하여 주옵소서.'

사업을 통해 그 동안 하고 싶었던 작업들의 힘을 얻고자 했으나

결국 아무런 조건이나 기대 없이 그저 주님 앞에 내어놓은 것이다.

2003년 무덥던 여름이었다.

八福

천국을 소유한 사람

"일제 치하 암흑기에는 나라의 광복을 위해
광복 후에는 예수 그리스도의 참사랑과 평화를 꽃피우기 위해
애쓰신 맨발의 전도자 아버님의 그 뜻과 믿음을
저희 자손들이 이어 받겠습니다."
보상을 생각지 않는 헌신,
하늘의 상급조차 의식하지 않는 사랑.
그것이 진짜인 것이다.
"내 것이 아니고 다 하나님 것이니까" 하시던 말씀이 생각난다.
작은 소유라도 자기 것을 다 내놓는다는 건 힘든 일이다.
그런데 엄청난 재산을 일순간에 내어놓을 수 있음은
정말 가난해진 영혼이 아니고는,
천국을 소유한 존재가 아니고는 불가능한 것이다.

42

〈버드나무〉에 가장 먼저 올리고 싶었던 것이
〈팔복〉이었다.
그러나 그 공간을 기독교인들만 만나는 곳으로
만들고 싶지는 않았다.
그래서 다양한 것들의 풍경 한 모퉁이에
〈팔복〉을 슬그머니 올려놓았던 것이다.
〈버드나무〉를 만들고 아이들에게 말했다.
"우리가 드린 이 '오병이어'를 주님이 축복하신다면
한 달 안에 어떤 변화가 오는지 지켜보자.
주님을 시험해보자."
아이들은 나의 장담을 귀담아듣지 않았거나
의아해 했을 수도 있지만
내겐 그 정도 주님의 관심을 끌지 못할 바에야
안 하는 게 낫다는 배짱이 있었다.
그것은 무모함이 아니라 믿음이었다.
주변 사람들에게 알음알음 나누어지던 차에
〈인간극장〉 제작 본부장과 KBS 편성 담당자가 찾아왔다.

다시 방송을 해달라는 것이다.

〈인간극장〉이 어려운 시기니 도와달라는 것이다.

삶의 진한 감동을 발굴하기가 어렵다고 했다.

이것이 주님의 응답임을 직감했다.

다른 때라면 거절했을 것이다.

그러나 나는 이것으로

주님이 〈버드나무〉를 키우시려 한다고 믿었다.

그렇게 하여 내 친구 재완이를 주인공으로 하는

〈광화문 연가〉를 만든 것이다.

10년 동안 틈틈이 찍어온 뇌성마비 내 친구.

최춘선 노인만이 아니라

이 친구도 하늘이도 모두 나의 페르소나였다.

거리에서 장사를 하며 뒷골목 담벼락과 바닥에 시를 쓰는

재완이의 이야기를 오랫동안 꼭꼭 감추어 두었는데,

이렇게 주님이 사용할 때가 왔구나, 그런 마음이었다.

나의 생각은 정확했다.

〈광화문 연가〉를 방송한 후,

〈버드나무〉에는 폭발적인 반응이 일어났다.

재완이와 창희 형, 버드나무 아이들의 이야기는

많은 이들에게 자신을 돌아보고 생의 의미를 느끼게 했다.

무엇보다 그로 인해 많은 이들이 버드나무를 알게 되었고,

결국 그 영향으로 한 모퉁이에 슬그머니 올려놓은

〈팔복〉이 알려지게 된 것이다.

사업을 통해 나누려 해도 되지 않던 그것이

내 스스로 '가난한 자'의 심정으로 주님 앞에 겸손히 내어놓자,

측량 못할 지혜와 섭리로 나누어주신 것이다.

마치 소년이 가져온 물고기 두 마리와 보리 떡 다섯 개처럼

주리고, 허虛하며, 곤困했던 영혼들에게

아무도 예측하지 못했던 방식으로

그렇게 나누어지기 시작한 것이다.

인터넷에서 〈팔복〉을 보고 난 후의 반응은 상상 이상이었다.

그저 몇몇이라도 최춘선 할아버지 같은 분들의 삶을

이해하면 좋겠다는 소박한 소망이 있었다.

그러나 어떻게 알고 찾아왔는지 수많은 사람들이

최춘선 할아버지를 만나고, 울고,

자기의 뜨거운 고백들을 내놓았다.

피시방에 혼자 앉아 꼼짝없이 울고 있습니다.

진실을 증거하신 할아버지의 삶은

끝없이 이어질 것입니다.

할아버지 많이 뵈었고, 저에게도 미스 춘향이, 미스 코리아라고

불러주셨는데 그 때 알았더라면….

저 노인네 미쳤군 하고 지나치는 사이에,

또 하나의 주님이 여기를 떠나시는군요.

사랑합니다. 이 다큐가 많은 사람들에게

축복의 통로, 은혜의 통로, 복음의 통로,

통일의 통로가 될 줄을 믿습니다.

1편부터 보면서 할아버지 만나면 드리려고 편지를 써서 갖고 다녔는데

정말 안타깝네요. 너무 부끄럽습니다.

자꾸 주체할 수 없을 정도로 눈물이 흐릅니다.

7년 전 직접 뵙고 광신자로 여겼던

나의 메마른 모습이 너무나 부끄럽습니다.

저는 초등학교 4학년입니다.

엄마가 주신 이 영상을 보고 마음속에 무엇인지 모를

어떤 느낌이 치솟으며 눈에서 뜨거운 액체가

한 방울 두 방울 떨어졌습니다. 아무것도 아닌 이 죄인을

그렇게 사랑하시는 주님께 감사드립니다.

우현 형제, 오랜만이지? 하나님께서 이 일을 시키시려고

그렇게 많은 시간을 연단시키신 건가?

온 교우들과 함께 팔복을 보고는 한동안 감동에 일어서지 못했네.

나뿐 아니라 세상 것들을 기웃거리는

우리 모두에게 신선한 충격이었네.

2003년 8월, 그 뜨겁던 여름날에 시작된 이 고백들은

해가 바뀌어도 계속되고 있다.

이 고백을 넘어 여기저기서

인터넷의 동영상을 다운받아 상영회를 하고,

교회들이 수요예배며 금요기도회에서

'가난한 자' 최춘선 할아버지를 만나고

뜨거운 반응들을 알려왔다.

여러 신학자들이 자신들의 수업에

〈팔복-가난한 자는 복이 있나니〉를 상영하여

신학 교재로 삼기도 했고,

동영상을 구하기 위하여 엄청난 문의 전화를 하곤 했다.

사업을 통해 나누겠다며 움켜쥐고 있었더라면

아직도 욕심과 허위의 먼지를 덮어쓴 채

그대로 있었을 것이다.

이 과정에서 놀라운 감동에 사로잡힌 건 나였다.

정말 주님은 아름다우시구나.

이런 세상의 한 모퉁이,

아무도 알아주지 않는 영혼 속에 숨기운 진실을 아시고

그것을 통해 세상을 변화시키시는 분,

측량치 못했던 방법으로 이 작은 영화를 배급하시는

그 천국의 감각, 그 주님은 얼마나 아름다우신가.

이 과정에서 내 삶이 변화되었다.

더욱 낮아지고 겸손해지고, 하늘만을 바라게 된 것이다.

내 영혼이 가난해진 것이다.

그렇게 올라온 뜨거운 수백의 고백들 중에

몇몇 글들이 더 가슴에 남는다.

우리 시대의 엘리야, 최춘선 님!

그를 발굴하여 사도들의 기록으로 남긴 김우현 님!

"충성은 열매 가운데 하나요." 당신들의 그 충성에 감사합니다.

지하철 속에 앉아 말없이 흔들던 할아버지의 손짓은

그가 못 다한 충성을 이제 우리에게 맡기고 떠나신다는

당부처럼 느껴졌습니다.

그는 엘리야의 불수레처럼 지하철을 타고

그렇게 승천하셨습니다.

우리의 목을 타고 아프게 올라오는 눈물이 그렇게 말합니다.

충성의 참 의미를 깨우치게 하신 분, 최춘선 할아버지.

천국에서 이제 평안히 안식하소서.

— 정진호(연변 과기대 교수)

오늘 구역예배에서 김 피디님이 주신

〈팔복〉을 동역자들과 같이 봤습니다. 벌써 몇 번을 봤는지 모릅니다.

혼자 울면서 봤고, 가족과 같이 봤고, 친구들과도 봤습니다.

그런데 오늘은 영상에 나오는

주변 인물들도 주의 깊게 보게 되었습니다.

맨발로 지나는 할아버지를 보며,

"덥지요" 라는 말로 빈정거리는 노인,

"후후, 통일 되면 신는다네, 통일이…" 라던 코트 입은 아저씨,

못마땅한 듯 들리는 말에 눈을 질끈 감으며

외면하려 했던 한 노인,

할아버지의 말에 귀찮은 듯 비웃음으로 대했던 남학생,

이들을 보다가 문득 그 시점 그 장면에 나와

자신의 역할을 담당하는 완벽한 조연의 연기가

최춘선 할아버지를 더욱 빛나게 하지 않았나 하고,

처음엔 김 피디님이 참 잘 찍었다고만 생각했는데

오늘은 다른 생각을 했습니다.

〈팔복〉의 총감독은 그분이라고 말입니다.

그토록 완벽한 많은 조연들,

역경의 삶이라도 진리를 위해 묵묵히 순종한 할아버지,

마음의 편견을 넘어선 세밀한 음성에

순종하여 카메라를 잡은 김 피디.

얼마나 많은 사람이 보아야 하기에

이토록 치밀하게 기획하고 감독한 걸까 생각해봤습니다.

— ㅅㅎ(선교사)

이것은 나의 생각과 같았다.

지나면 지날수록, 이 작업의 기획과 캐스팅, 연출, 제작의

모든 것이 그분, 예수님임을 깨닫게 된다.

일부러 겸손하거나 젠 체하려는 것이 아니라,

분명 그분이 이 작업을 지휘하셨고, 심지어 배급까지도

세상이 측량 못할 방법으로 하시는 것이다.

세상의 상업적이고 화려한 영화들에 비하면

너무나 작고 소박한 다큐멘터리일 뿐이다.

그러나 이 30분에 지나지 않는 영화는 수많은 사람들에게

아주 독특한 충격과 삶의 변화를 안기고 있는 것이다.

심지어 예수 믿는 것을 완강히 반대하던 이들이

이 다큐를 보고 마음을 열었다는 이야기가 많이 들려왔다.

이 가난한 영혼의 궤적軌跡을 통해, 이 작은 영화를 통해서,

세상의 크고 화려하고 거짓된 우상들을 부수는 것이다.

그것이 우리 주님의 역사다. 그것이 그분의 참 아름다움이다.

43

최춘선 할아버지의 집을 찾아가야겠다고 마음먹었다.
그 동안 여러 번 전화를 드렸지만 연결이 되지 않았다.
돌아가시고 나서 가족들이 이사를 간 것은 아닐까
그런 생각을 했었다.
할머니를 인터뷰했지만, 자녀들의 생각도 궁금했다.
무엇보다도 이렇게 할아버지가 사람들에게
감동을 주고 있음을 알리고 싶었다.
광인 취급받는 아버지 때문에 자녀들의 고충은 컸으리라.
오랜만에 한남동 할아버지 집으로 찾아갔다.
"저, 이 동네 맨발로 다니시는 노인이 사셨지요?"
동네 분들에게 물었다.
"그 양반 돌아가셨는데…."
이미 알고 있지만 새로운 사실을 접한 듯 마음이 아렸다.
정말 돌아가셨구나….
가족들에게서 사망 소식을 확인한 것이 아니었기에
정말 할아버지가 돌아가신 건지 궁금하기도 했다.
"언제 돌아가셨나요?"

"그 양반 돌아가셨는데…."
이미 알고 있지만 새로운 사실을 접한 듯 마음이 아렸다.

"아마 작년인가, 재작년이지. 근디 왜 그려?"

"그 분하고 친구거든요."

동네 사람들은 나를 오히려 이상하게 쳐다봤다.

동네 분들도 할아버지를 이상하게 여겼던 것이다.

심지어 근처에 사시는 아주머니조차

할아버지의 집을 정확히 알지 못했다.

"저 집인가, 그 옆집인가, 잘 모르겠네."

그렇게 무관심과 이상함으로 엿보던 풍경들을 뚫고

날마다 맨발로 가시던 골목길이다.

노인을 만나고 싶어 무작정 찾아왔던 그 길이다.

저 끝에서 영하의 날에 맨발로 나오고 계셨지.

"찾아주어서 얼마나 고마운지 몰라요."

다른 이들이나 가족들에겐 어떨지 몰라도

나에겐 다정한 친구였다.

계란을 두 개 주시며, 영양보충하라던 그 목소리.

"우리가 잘 대접하면 기쁨이 있는 거예요"

그 따스한 소리가 들려오는 듯했다.

오랜만이라 집을 찾기가 힘들었지만,

대문 위에 세워놓은 십자가를 보고서 알 수 있었다.

"십자가, 진리의 젖줄기, 생명의 젖줄기."

최춘선 할아버지의 인생 자체가 십자가였다.

들어오고 나감이 다 십자가요, 예수 천당이었던 것이다.

벨을 아무리 눌러도 응답이 없다.

역시 아무도 없는 건가.

포기하고 돌아가려는데 문이 삐걱 열렸다.

젊은 여자 분이 잠을 자던 모습으로 나왔다.

"저, 여기가 최춘선 할아버지 댁인가요?"

여자 분은 나를 이상하게 보았다.

"할아버지하고 친분이 있는 사람인데요. 혹시 따님이신가요?"

"네, 그런데 돌아가셨는데…"

"알고 있습니다. 제가 할아버지를 주인공으로

〈팔복〉이란 다큐멘터리를 만들었는데…"

"아, 그 동영상 만드신 분이세요?"

뜻밖이었다. 〈팔복〉에 대해 알고 있는 것이다.

"그걸 아세요?"

"어머니가 인터넷에서 보셨대요."

"인터넷이요?!"

참으로 놀라운 일이다.

이미 할머니조차 인터넷으로 그것을 보았다니,

상상조차 하지 못했던 일이다.

"아버님에 대해 궁금한 것도 많고, 죄송하지만 얘기를 나눌 수

있을까요?"

"제가 잠을 자던 중이라… 저희 오빠를 만나면 좋을 텐데….

목사님이시거든요."

"아, 아드님도 목사님이세요? 어디 계시나요?"

"바로 옆에 동그라미 연구소라고요."

나는 참으로 묘한 기운에 사로 잡혔다.

이미 가족들도 〈팔복〉을 본 것이다.

그리고 아들도 목사님이다.

그 분을 만나면 최춘선 할아버지에 대해

많은 얘기들을 들을 수 있을 것 같았다.

아들이 운영하는 동그라미라는 연구소로 갔다.

아담하고 하얀, 아름다운 건물이었는데,

유아교육을 연구하는 연구소라고 되어 있었다.

"우리 아이들 다 교육가요."

자녀들은 있으시냐는 물음에 노인은 그렇게 대답했었다.

그 안에 자긍심이 숨어 있는 말이었다.

사람들의 비웃음과 미치광이 소리를 들으며

전도를 다니는 아버지, 그런 아버지를 바라보는

자녀들의 심정은 이해하지 못하지만, 분명 아버지,

최춘선 노인은 자녀들을 자랑스럽게 여기고 있었다.

"우리 집사람 천사요, 그러니까 나 같은 사람 참고 살지."

노인도 자신의 그런 행각이

가족들에게 고통이란 걸 알았던 것이다.

막무가내로 자신이 믿고 깨달은 것만 주장한 분은 아니다.

아드님은 아버지를 어떻게 생각했을까 궁금함이 앞섰다.

어떻게 돌아가신 걸까, 무덤은 있을까.

그러나 아들은 일본으로 연수를 떠나고 없었다.

할 수 없이 며칠을 더 기다려야 했다.

44

며칠 후 낯선 번호가 찍힌 전화가 왔다.

"저, 최바울 목사라고 합니다."

최춘선 할아버지의 아들임을 직감했다.

"찾아오셨다구요. 정말 뵙고 싶었는데 너무나 감사드리구요.
전에 목사님에 대한 동영상이 인터넷에 올라가 있다는 말을 듣고
찾아보았습니다. 그걸 보고 얼마나 울었는지 모릅니다."

"할아버지가 목사님이셨나요?"

"네."

그냥 전도만 다니시는 줄 알았는데, 목사님이셨다니….

그 분에 대해 모르는 게 더 많을 거라는 생각이 문득 들었다.

"정말 감사한 것은, 아버님의 임종을 지키지 못했거든요."

가장 궁금했던 것이 언제 어떻게 돌아가셨는가였다.

왜 임종을 못 지킨 걸까.

"감독님이 촬영하신 장면이 아버님의 마지막이셨습니다."

영혼까지 후두둑 흔들리는 느낌이었다.

나와의 마지막 만남이 그 분의 이생의 마지막이었다니.

"그럼 지하철에서 돌아가신 건가요?"

"네, 감독님이 촬영하신 장면을 보고

아, 저것이 아버님의 마지막 모습이구나.

그전까지 임종을 못 지킨 불효에 절망했었는데,

그 장면을 보고 얼마나 울었는지 모릅니다.

너무나 감사합니다."

"충성은 열매 가운데 하나요."

그 말을 하시고 급하게 지하철에 오른 할아버지.

어디 먼 곳에 가시듯 크게 손을 흔들고 웃던

그것이 진정 마지막이었구나.

바로 그 만남 이후에 돌아가신 것이다.

나와 헤어진 후 1호선 수원행 열차에서 전도하다가

의자에 앉아 편안히 돌아가셨다는 것이다.

모든 것을 다 마쳤다는 표정으로 눈을 감은

할아버지의 모습이 떠올랐다.

가슴이 출렁이고 다리가 떨려왔다.

정말 생각지도 않은 우연한 만남이었는데,

이전과 달리 너무나 기력이 없고 힘겨워 보였는데,

왠일인지 그 맨발을 만져보고 싶었는데,

그 모든 것이 마지막 이별을 고하기 위한 만남이었구나.

"젓가락을 드실 힘도 없으셨습니다. 그래도 날마다 전도를 하러

나가셨지요. 그것이 당신의 꿈이셨으니까요.

전도하시다가 돌아가시는 것이…"

"아, 할아버지, 최춘선 할아버지, 아니 목사님…"

나는 더 이상 전화를 하기가 어려웠다.

그래서 오후에 최바울 목사와 만나기로 약속했다.

잘린 무에서 오르는 푸른 순篟처럼,

최춘선 노인에 대한 새로운 것들을 만날 것 같았다.

최바울 목사는 아담한 키에 눈매며 목소리가

최춘선 할아버지와 닮아 있었다.

소식을 듣고 막내아들도 급히 달려왔다.

"정말, 어떻게 감사를 드려야 할지…

저희 자식들도 잘 이해 못한 아버님에 대한 것들을

너무나 잘 파악하시고 발견해주셔서 감사합니다."

그렇게 수십 년을 맨발로 다니며 이해하기 어려운 메시지를 전하니

가족들에게도 아픔이요, 힘겨움이었으리라.

"고등학교 1학년 때 학교 가는 버스에

아버님이 오르셔서 전도를 하신 적이 있어요.

그 때 고3 선배가 '저 미친 영감 누구냐?'고 하더라구요.

그 땐 정말 죽고 싶었지요."

둘째아들이 애써 눈물을 참으며 말했다.

그 가슴앓이를 이해할 것 같았다.

"자식으로서 '저 분이 내 아버지다' 말하지 못했던 그 고통.

나중에는 그 선배를 이유도 말하지 않고

무조건 두들겨 팬 적이 있지요. 피라는 게 뭔지…"

너무나 독특한 자기 세계에 갇혀 살아간 아버지가

자식들에겐 이해 못할 대상을 넘어 삶의 고통이었을 것이다.

"70년대 초에 우리 집에 자가용이 다섯 대나 있었습니다.

아버지는 하루에 와이셔츠를 두 번이나 갈아입는

멋쟁이셨구요. 일본 와세다 대학에서 유학을 할 때는

5개 국어를 능통하게 하는 수재였답니다."

"할아버지가 유학한 곳이 와세다 대학이군요.

5개 국어를 하셨어요?!"

또다시 놀람이다.

도대체 이 분에 대해 내가 아는 것은 무엇인가.

그러고 보니 언젠가 같이 외국에 전도여행을 다니자며

웃던 모습이 생각난다. 당신이 외국 말을 잘 한다며,

중국에도 일본에도 같이 가서 전도도 하고 촬영을 하자던.

"전국을 다니시며 부흥사로 활동을 하시기도 했는데,

갑자기 말씀을 깨닫고 나서부터 그 모든 것을

주님처럼 가난한 자들에게 주어야 한다며 다 버리셨지요."

45

"저희 오남매가 아버님 때문에 너무나 힘들게 성장한 것은

사실입니다. 이렇게 목사가 됐지만 동생들을 모아놓고

'예수 믿지 말자, 예수님 때문에

우리가 이렇게 힘들게 사니까 믿지 말자' 말했을 정도로요.

그러나 제가 예수를 믿고 나니까,

그 전엔 교회만 다녔고 예수를 제대로 믿고 나니까

왜 아버님이 그렇게 사셨나 이해가 되더군요.

정말 다 내어주고 기쁨으로 사신 게 예수님 때문이구나."

최춘선 할아버지는 주님의 무엇을 닮고자 한 것일까.

가족들을 그 고생시키시면서도, 이해받지 못하면서도

기어코 왜 그 길을 가려고 한 것일까.

그것이 궁금했다.

최바울 목사는 나의 의중을 안다는 듯 말했다.

"늘 그러셨지요. 내가 미친 게 아니라

너희들이, 다른 사람들이 미친 거다.

주님이 그렇게 말씀하시는데

예수를 안다면서 어떻게 그렇게 살 수가 있나.

아버님이 바라보신 성경이나 예수님에 대한 코드 자체가

달랐던 것 같아요."

사실 그것이 맞는 것이 아닌가.

우리가 너무 세속에 물들어서 그런 것뿐이다.

우리의 욕심과 안위를 위하는 것이 강하다 보니

진리의 길은 언제나 외면당하는 것이다.

"독립 유공자였기 때문에 오 남매가 그렇게 고생하며

클 이유가 없었습니다. 도장만 찍으면 연금이 나오고

대학까지 무료로 다닐 수 있는데 그걸 안 하시더군요."

"왜 그러신 거죠?"

"완전한 독립, 통일이 안 되었다는 겁니다. 남과 북이 이렇게

분단되었으니 아직 진정한 해방은 아니다.

그리고 보상을 받기 위해 독립 운동을 한 게 아니라는 거지요."

참으로 놀라운 것이 아닌가.

보상을 위해 죽음을 무릅쓰고 독립 운동과

그 고난을 감수한 것이 아니라는 것이다.

자식들에겐 힘든 일이었지만, 말은 듣기에 쉽지만,

얼마나 대단한 자기 비움, 천국의 자세인가.

보상을 생각지 않는 헌신,

하늘의 상급조차 의식하지 않는 사랑.

그것이 진짜인 것이다.

"이미 60년대 초부터 자가용도 여러 대 있었고,

김포에 있는 아버님 소유의 땅에 학교, 교회, 양로원, 고아원,

양계장 등이 다 있었는데, 주님 말씀을 깨닫고 나서

다 나누어야 한다고 내놓으신 거죠."

"내 것이 아니고 다 하나님 것이니까" 하시던 말씀이 생각난다.

작은 소유라도 자기 것을 다 내놓는다는 건 힘든 일이다.

그런데 엄청난 재산을 일순간에 내어놓을 수 있음은

정말 가난해진 영혼이 아니고는,

천국을 소유한 존재가 아니고는 불가능한 것이다.

"자신을 위해 두 벌 옷을 가지지 말라고

성경에 말씀하셨다는 겁니다. 어릴 적엔 이해가 잘 안 됐어요.

집에 새 점퍼라도 생기면 지나다가 추위에 떠는 아이에게

그걸 갖다 주시는 거예요. 내일 아침에 먹을 쌀만 남았는데

누가 와서 먹을 것이 없다고 하면 다 퍼주시는 거예요.

어머니가 너무 힘드셔서

마지막 쌀인데 아이들은 어떻게 하냐고 하시면,

성경에서 그랬다는 거예요. 내일 일을 걱정하지 마라.

먹을 것 입을 것을 위해 걱정하지 마라. 하나님이 다 먹이신다.

그리고 코를 골며 주무시는 거지요.

정말 한 번도 굶은 적이 없었거든요.

쌀을 다 퍼주신 다음 날 새벽에

누군가 문을 두드려 나가보니 전에 저희 교회 다니던 집사님이

시골로 이사를 가서 첫 곡식을 수확했다고

밤새 기차를 타고 가져오신 겁니다."

너무나 당연한 진리로 사는 이들이 만지는 삶인데,

우리에겐 낯설고 어리석게 느껴지는 건 왜일까.

아들들은 아버님 때문에 고생했다고 하면서도

이제는 그 아버지를 자랑스러워하는 것 같았다.

봇물 터지듯 이렇게라도 이해 못한 아버지를 위해

속죄의 변을 내놓듯이 쉬지 않고 말했다.

"한번은 지방에 설교하러 가셨다가 차에 치이시는

사고를 당했는데 사고 낸 사람과 합의를 봐야 병원비를 낼 텐데,

아버님이 '저 사람도 대한민국 국민이다' 하고

그냥 용서해주셨대요. 사고를 낸 사람은 물론

그것을 본 병원 원장님이 이런 분이 계신가 하고

그 후부터 존경하며 가까이 지내셨지요."

마치 기인의 행적을 듣는 것 같은데

너무나 부끄러워지고 감동으로 다가옴은 무엇인가.

어떻게 그런 마음을 지니실 수 있었을까.

그 다음에 전해들은 이야기는 더욱 가슴에 울림을 주었다.

"아버님은 땅이 사람의 것이 아니라

하나님 것이라 믿었기에 등기를 하지 않으셨답니다.

그걸 알고 누군가가 그 땅을 자기 앞으로 등기를 해서

소송이 붙었는데 아버님에게서 땅을 나누어 받은

가난한 분들이 다 증언을 해서 승소를 했답니다.

그러자 그 사람이 항소를 했는데

아버님은 이상하게 그 자리에 나가지 않으셨답니다.

결국 그 모든 땅을 뺏기신 거지요.

그 많은 고아들을 데리고 이사를 다니시는데

가는 데마다 핍박을 해서 또 이사를 가고….

제가 서른이 되기 전에 30번을 넘게 이사를 다녔으니까요."

왜 그러신 것일까. 그 많은 땅을 왜 포기하신 것일까.

일부러 가난과 고난을 자처하고

하나님의 인도만을 구한 것인가.

나는 이해가 잘 되지 않았다.

자식들도 이해가 안 되는 그 삶들, 그 행적들.

다 이해할 순 없지만

그 속에 어떤 섭리와 의미가 분명히 있으리란 생각이 들었다.

"그 때, 이사를 가실 때의 아버님은 어떠셨나요?"

"수백 명의 고아들을 데리고 도망치듯 저 달동네로

이사를 가면서도 찬송가를 부르며 가신 분이니까요.

그 표정에 힘들다, 고난을 받는다는 생각은

추호도 없으셨으니까요. 그저 예수 평안, 예수 천국이셨죠.

하지만 이제는 이해가 됩니다. 아버님의 시신을 찾았을 때

제일 먼저 본 것이 맨발이거든요.

그 발… 세상에 단 하나밖에 없는 그 아버님의 발.

그 누구도 이해할 수 없었던 그 발.

얼마나 울었는지 모릅니다. 하지만 지금은 이해가 됩니다."

정말 그 맨발의 의미가 궁금했다.

이사야의 이미지 말고도 다른 뜻이 있는 건 아닐까.

"왜 맨발로 다니신 건가요? 그 이유를 말씀하신 적 있나요?"

"언제가 물어본 적이 있지요. 왜 맨발이어야 하느냐고."

"그랬더니요?"

"그저 '통일이 되면 신을게' 하시더군요. 나중에 알았지요.

아버님은 이사야처럼 사신 거구나. 당신을 '광야의

외치는 소리'로 생각하신 거구나. 아무도 듣지 않아도 외치시는,

외쳐야만 하는, 광야의 외치는 소리."

광야가 떠올랐다.

거센 바람이 불고 날은 어둑하다.

초라하고 보잘 것 없는 작은 사람 하나,

맨발로 걸어와 외친다.

아무도 듣는 이 없지만, 그는 절망하지 않는다.

그는 자신의 길을 안다. 그렇게 외치고 사라지는

한 소리에 불과하지만 외쳐야만 한다.

그는 하늘의 심정을 담고 가는 것이다.

"진리는 고독해도 날로 담대합니다."

할아버지의 말씀이 생각났다.

'광야의 외치는 소리',

그 길, 그 여정, 심연에서 뜨거운 샘물이 꿈틀거렸다.

무엇을 바라는가, 무엇을 얻고자 이리 꾸역꾸역 살아가는가.

"마지막엔 젓가락 하나 들 힘조차 없으시다고 하셨지요.

그런데도 전도를 하시겠다고 나가셨습니다. 그리고 피디님을

마지막에 그렇게 만나고 수원행 1호선으로 가 전도하시다가

의자에 앉으셔서 주님께로 가신 겁니다.

시신을 찍은 사진을 보니까 너무나 편안한 모습으로

잠들듯이 그렇게 앉아 계시더군요."

아, 할아버지,

나는 가슴 깊은 곳에서 울려오는 나의 소리를 들었다.

나의 그 소리는 거대한 울음을 참아내며

힘겹게 무언가를 상상하고 있었다.

그러나 그것은 슬픔만은 아니다.

형용할 수 없는 어떤 다른 무엇,

한 인생의 힘겨운 여정이 복합적으로 스치면서,

의자에 앉아 편히 잠드신 풍경과 오버랩 되는

슬픔, 그리고 기쁨이었다.

"⋯나중에 알았지요.
당신을 '광야의 외치는 소리' 로 생각하신 거구나."

46

"그렇게 아버님을 원망하고

왜 그런 삶으로 가족들을 고생시키시는가 했지만

돌아보니 그것은 축복이었다는 생각이 듭니다.

지금 우리 오 남매는 모두 너무나 잘됐습니다.

저도 어린이 선교를 위해 일하고 있지만 이렇게

잘되어도 되는가 할 정도로 원하는 모든 일이 잘 풀렸거든요."

참 다행이라는 안도감이 일었다.

이 얼마나 아름다운가, 너무나 당연한 축복의 여정이 아닌가.

최춘선 할아버지는 가족들을 결코 돌보지 않은 게 아니다.

진정으로 복을 받는 것에 대한 본질을 알고 있었으리라.

성경을 거의 다 외웠던 분이라고 한다.

"힘들지 않으세요?"

"예수는 나의 힘이요."

구차한 설명이 아니라, 성경과 찬송의 본질로 체화된

강하고 단순한 대답을 품고 산 분이다.

일시적으로 누리는 부요의 허무함,

진정으로 어떻게 복을 누리고 그 과정이 어떠한지를,

그 장대한 여정들을 통하여 이미 통찰했으리라.

나와 및 복음을 위하여
집이나 형제나 자매나 어미나 아비나 자식이나 전토를 버린 자는
금세에 있어 집과 형제와 자매와 모친과 자식과 전토를 백배나 받되
핍박을 겸하여 받고 내세에 영생을 받지 못할 자가 없느니라.
마가복음 10장 29, 30절

언젠가 할아버지가 하신 이 말씀이 떠올랐다.
정말 성경말씀을 그대로 실천하려 했던 분이구나.
그대로 살면 그대로 응답받고,
결국은 복을 누린다는 것을 아신 분이구나.
자신의 생애에서 그것을 누리려고 발버둥친 분이 아니다.
지금 무언가를 움켜쥐려고 땀 흘린 분이 아니다.
믿음의 선진들처럼 먼 하나님의 나라를 소망하며
차라리 기쁨으로 씨를 뿌린 것이다.
그리고 참 아름다우신 주님은 이렇게 축복하시고,
열매 맺게 하시는 것이다.
어떤 이가 어떻게 해야 영생을 얻느냐고 물었던

그 맥락에서 나온 말씀이다.

하나님의 계명을 지키라고 하셨다.

그렇게 하였다고 했다.

그러면 너의 소유를 팔아 가난한 자들에게 주라고 하셨다.

그러자 근심하며 떠났다.

최춘선 할아버지는 이 말씀을 그대로 순종한 것이다.

분명 이 말씀을 굳세게 붙든 것이다.

그 안에 근심을 품지 않았다.

찬송하며 기꺼이 다 내어준 것이다.

당신의 그 헌신이 결코 상실이 아님을,

패배와 고난의 이유만은 아님을,

그 분은 너무나 잘 알고 계셨던 것이다.

거대한 확신으로 영혼에 각인刻印되었던 것이다.

"모두들 힘들다고 하는데

이상하게 저희는 힘든 줄을 모르고 삽니다.

고생을 하며 맷집이 단단해졌나봐요.

그것조차 축복이라고 생각합니다.

힘겨움이 와도 견딜 수 있는 내성이 키워진 거죠.

인터넷에 동영상이 있다고 해서 늦은 밤에 찾아봤습니다.

얼마나 울었는지, '아들입니다' 하고 장문의 답글을 썼는데,

너무 격해서인지 잘못해서 다 날아가버렸습니다.

하나님의 뜻인가 보다 하고 그냥 두었지요."

"잘 하셨습니다. 저도 그 분의 마지막 삶을 기록하는 영광을

누렸지만 그저 기능인일 뿐이지요.

아버님도 그걸 바라실 거예요. 당신의 이름이 드러나기보다

진정으로 천국을 지향하는 삶이 무언가가 드러나기를.

우리는 그 본질만 남게 하고 그냥 뒤로 빠지지요."

날이 어둑해질 때까지 우리는 많은 얘기를 나누었다.

감격이 있었고 약간의 홍분을 동반한 희열이

휘광輝光처럼 감싸고 있었다.

어느 작고 누추하고 아무도 그 진실을 알아주지 않았던,

한 순례자로 인해 우리가 이토록 감사하고 있는 것이다.

이것이 내가 꿈꾸었던 천국의 풍경이요,

그 즐거움의 바람이라 여겼다.

"아버님 시신은 어떻게…?"

마지막으로 남은 궁금함이었다.

"대전 현충원 독립 유공자 묘역에 안장했습니다."

"그러셨군요. 참 잘하셨습니다."

유언을 따라 화장을 해서

어느 외딴 강물에 흘려보냈을 거란 생각을 했다.

그것이 더 그 분다울 것이라 여겼다.

그런데 이상하게 안도가 되고 반가웠다.

"조만간 찾아 뵈야겠네요.

가보고 싶어 하는 사람들도 참 많은데."

우리는 뜨거운 악수를 나누고 작별을 고했다.

"너무나 감사합니다. 덕분에 아버님의 진실을 알리게 되어서."

"아닙니다, 제가 감사하지요. 천국을 살게 해주셔서."

저녁노을이 루오의 외딴 풍경처럼 진하게 물들어가고 있었다.

어느 선지자의 고독한 다짐처럼….

47

언젠가 할아버지는 나에게 자가용에 대해 얘기한 적이 있다.

촬영을 하다가 가끔은 율무차를 마시며

그런 이야기를 나누었던 것 같다.

당신은 60년대부터 자가용을 타고 다녔으며,

운전도 능숙하게 한다는 것이다.

그 분의 이미지와 안 어울리는 듯했지만,

매우 재미있게 그 얘기를 했다.

그런 얘기를 하실 때 얼굴이 천진해지고,

꿈꾸듯 아련한 표정이 되었다.

외국에 같이 나가서

전도 여행을 다니자는 얘기도 참 뜻밖이었다.

정말 기회가 된다면 가보고 싶어 한다는 생각이 들었다.

"같이 가지요. 제가 경비를 마련해볼게요."

그냥 해본 이야기가 아니라

정말 그럴 수 있다면 가보고 싶었다.

할아버지와 같이 다니면 재미도 있을 것 같았다.

모두가 맨발을 쳐다보며 신기해 하고,

영어로, 일어와 중국어로 그들에게 재치 있게 말씀을 전한다.

놀라는 사람들… 상상만으로도 마음이 즐거워졌다.

자녀들에게도 그런 이야기를 나누었을까.

문득 할아버지는

친구가 그리웠는지도 모른다는 생각이 들었다.

아니, 필요했는지도 모른다.

자신은 완고하고 강하게 선택한 그 길을 가지만,

그래도 한켠에 인간에 대한 그리운 무엇이 남아 있었으리라.

그 길에서 만난 손주뻘의 나에게 완고함을 풀고

속내를 털어놓고 싶었는지도 모른다.

조금은 쉬고 싶었는지도 모른다.

나는 그 여정에서 잠깐 친구가 된 것이다.

당신을 따라가는 고독한 순례자의 가슴에 담긴

무엇을 알아보라고 예수께서 숙제를 주신 것이다.

언젠가 설날에 한남동의 집으로 찾아갔을 때,

누군가를 불러 돈을 받아서는

나에게 세뱃돈이라며 억지로 쥐어주었다.

알고 보니 큰며느리였다.

며느리에게 그 돈을 빌려서라도 찾아온 나에게

용돈을 주고 싶어 했던 그 마음.

오히려 따스운 국밥이라도 사드리려고 찾아간 길이지만,

그것을, 그 마음을 거절하지 못했다.

그렇게 헤아리고 사랑으로 우유부단해지며

친구가 되어 마지막 남은 날들을 기록한 것이다.

하늘이 구름 한 점 없이 푸르다.

대전 현충원으로 가는 그 푸르름 아래서

잠시 할아버지와의 손수건만한 작은 추억에 젖었다.

소풍을 가는 아이처럼 마음이 편안하고 홀가분하다.

· 할아버지는 즐겁게 살다 간 것이다.

힘겹고, 슬프게 고난의 길을 간 것이 아니다.

내 속에 무엇이 그렇게 단언한다.

아무런 영웅적 기색도 없이,

아무런 대가나 응원이 없어도 지치지 않을 그 길인 것이다.

제2애국지사묘역 906호.

'애국지사 최춘선의 묘' 라고 씌어 있는 아담한 무덤.

나는 마음이 편해졌다.

아무런 서러움도, 명치 끝을 찌르는 통증도 없었다.

맑은 호수에 푸른 잉크를 탄 듯한 하늘 가득
빙그레 웃는 모습이 느껴졌다.
"할아버지가 저기서, 저 하늘에서 웃으신다.
참 맑고 따스하고 좋다."
같이 간 동생들에게 말했다.
가을날의 맑은 기운 아래서
그 무덤가에 누워 한숨 깊게 자고 싶었다.

일제 치하 암흑기에는 나라의 광복을 위해
광복 후에는 예수 그리스도의 참사랑과 평화를 꽃피우기 위해
애쓰신 맨발의 전도자 아버님의 그 뜻과 믿음을
저희 자손들이 이어받겠습니다.

뒤늦게 묘비명을 읽으며,
'맨발의 전도자' 라는 문구에서 눈가에 물기가 스몄다.
울컥 가슴이 아리다.
눈 속을, 거친 아스팔트를, 조롱과 비웃음을 뒤로하고
수십 년을 광야를 걸어간 그 발, 발들이 겹치듯 다가온다.
다시 울고 싶어졌다. 그러나 울지 않았다.

"할아버지가 저기서, 저 하늘에서 웃으신다.
참 맑고 따스하고 좋다."

"충성은 열매 가운데 하나요."

마지막 남긴 그 말씀이 엄습해왔다.

당신이 못다한 충성을 우리에게 부탁하기 위하여

마지막에 그 말씀을 전하고 간 것이다.

그리스도의 참사랑과 평화를 꽃피우는 전도자, 잔꽃송이로,

지극히 작은 것에 충성하며 가면 되는 것이다.

내 있는 모습 그대로 그뿐이다.

따사로운 햇살이 번지는 잔디 위에 서서

오랫동안 심장에 새기었던 묘비명을 영혼 깊이 읊조리면서

홀홀 그 길에서 떠났다.

보라 지금은 은혜 받을 만한 때요

보라 지금은 구원의 날이로다

우리가 이 직책이 훼방을 받지 않게 하려고

무엇에든지 아무에게도 거리끼지 않게 하고

오직 모든 일에 하나님의 일군으로 자천自薦하여

많이 견디는 것과 환난과 궁핍과 곤난과 매 맞음과 갇힘과

요란한 것과 수고로움과 자지 못함과 먹지 못함과

깨끗함과 지식과 오래 참음과 자비함과 성령의 감화와

거짓이 없는 사랑과 진리의 말씀과

하나님의 능력 안에 있어 의의 병기로 좌우하고

영광과 욕됨으로 말미암으며

악한 이름과 아름다운 이름으로 말미암으며

속이는 자 같으나 참되고

무명한 자 같으나 유명한 자요

죽은 자 같으나 보라 우리가 살고

징계를 받는 자 같으나 죽임을 당하지 아니하고

근심하는 자 같으나 항상 기뻐하고

가난한 자 같으나 많은 사람을 부요하게 하고

아무것도 없는 자 같으나 모든 것을 가진 자로다.

고린도후서 6장 2절~10절

에필로그

그 때에 여호와를 경외하는 자들이 피차에 말하매 여호와께서 그것을
분명히 들으시고 여호와를 경외하는 자와 그 이름을 존중히 생각하는 자를
위하여 여호와 앞에 있는 기념 책에 기록하셨느니라(말라기 3장 16절).

　　　　〈팔복〉을 보고 난 후 어느 선교사님이 이 말씀이 떠오른다며 눈시
울을 붉혔습니다. 외진 곳에서 남모르게 하나님나라를 꿈꾸면서 많이 외롭고
지쳐 있던 분입니다. 최춘선 할아버지의 삶을 하나님이 기뻐하시며 당신의 '기
념 책'에 적어놓고 은밀히 즐거워하실 거라는 그 말이 벅찬 감격으로 다가왔습
니다. 하나님이 기념하시고 싶은 삶, 그 풍경들… 그것을 가질 수만 있다면 세상
에서 가장 행복할 것 같습니다.

　　　　〈팔복〉이라는 다큐멘터리로, 그것을 만들고 나누면서 이미 하늘이
주시는 복을 받아 누렸습니다. 그 외의 무엇은 덤으로 얻는 축복입니다. 그러나
그 압축적인 삶의 행간에 스민 과정을 나누려고 글을 쓰다 보니 이렇게 책이 되
었습니다.

최춘선 할아버지와 마지막을 같이했다는 어느 목회자가 다큐멘터리를 보고 연락을 해왔습니다. 할아버지는 수원에서 장애인들을 돌보는 아들 친구 집에 며칠을 머무신 것입니다. 할아버지는 당신이 주님 품으로 갈 날까지 다 알고 계셨다고 했습니다. 이 세상을 떠나기 며칠 전부터 장례 찬송가에 자신의 이야기를 적으며 주님께 갈 날만 고대하고 있었는데, 그 마지막 날에 정확히 돌아가셨다는 것입니다. 제가 마지막에 우연히 만나 촬영을 한 것도 다 하나님의 섭리 안에서 이루어진 것입니다. 할아버지는 그 때에 너무나 쇠약해 아들의 친구 집에 머물면서 그렇게 말려도 기어이 전도를 나가셨다고 합니다. 그리고 전도를 하다가 세상을 떠나간 것입니다.

참으로 하나님의 나라는 무엇일까요? 이 모든 과정에서 살아 계신 아버지의 측량 못할 섭리를 깨닫습니다. 이 소박한 작업은 무엇을 도모하려는 것이기보다 그 하나님의 그 은혜와 섭리를 나누고자 함입니다. 최춘선 할아버지나 저의 무엇이기보다 이 작품의 핵심은 '하나님의 아름다우신 사랑'입니다. 모두가 고개를 돌리고 관심조차 두지 않는, 그런 삶의 풍경 안에 깃든 진실을 보시는 그 분…. 그 어디에 있든 진실을 담지한 영혼을 정확히 보시고 함께 가시는 아버지. 그것이 우리의 소망이요, 의미입니다.

인간 풍조가 아무리 요란하고 나날이 변하여도 이 하나님의 사랑과 섭리는 여전하며 그 나라는 뜨겁게 지속되고 있습니다. 그리스도께서 모범을 보이셨듯 그 길은 좁은 길이며 좁은 문입니다. 당연히 찾는 이가 적습니다. 어찌하든지 그리스도를 닮아 진실에 헌신하고 충성하여 '하나님의 비망록'에 기록되는 행복자이고 싶습니다. 아무리 크고 화려한 무엇을 소유하고 누려도 그것이 없으면 불행입니다.

이 어눌한 삶의 기록이 사랑을 품고 헌신하는 세상의 모든 그리스도의 잔꽃송이들에게 위로와 의미가 되었으면 합니다. 세상이 알 수 없는 그 희열과 감격에 발을 내딛는 용기와 능력이 되길 소망합니다.

김우현 다큐북 팔복 1_ 맨발천사 최춘선

가난한 자는 복福이 있나니

초판 1쇄 발행	2004년 12월 14일
초판 60쇄 발행	2023년 6월 30일

지은이 . 김우현

펴낸이 여진구
펴낸곳 규장

주소 06770 서울시 서초구 매헌로 16길 20(양재2동) 규장선교센터
전화 02)578-0003   팩스 02)578-7332
이메일 kyujang0691@gmail.com   홈페이지 www.kyujang.com
페이스북 facebook.com/kyujangbook   인스타그램 instagram.com/kyujang_com
카카오스토리 story.kakao.com/kyujangbook
등록일 1978.8.14. 제1-22

ⓒ 저자와의 협약 아래 인지는 생략되었습니다.
이 출판물은 저작권법에 의해 보호를 받는 저작물이므로 무단 전재와 무단 복제를 할 수 없습니다.

33책값 뒤표지에 있습니다.
ISBN 89-7046-982-6 08230

규 | 장 | 수 | 칙

1. 기도로 기획하고 기도로 제작한다.
2. 오직 그리스도의 성품을 사모하는 독자가 원하고 필요로 하는 책만을 출판한다.
3. 한 활자 한 문장에 온 정성을 쏟는다.
4. 성실과 정확을 생명으로 삼고 일한다.
5. 긍정적이며 적극적인 신앙과 신행일치에의 안내자의 사명을 다한다.
6. 충고와 조언을 항상 감사로 경청한다.
7. 지상목표는 문서선교에 있다.

진정한 부흥을 갈망하는
팔복八福 프로젝트는

팔복의 정신으로 살아가는 분들의 삶을 기록하고 전파함으로 이 시대
크리스천들이 더욱 하나님 중심의 삶을 살아가도록 돕는 일을 합니다.
이웃과 나누는 일에 동참하지 않으시겠습니까?
팔복 원정대(온라인·오프라인 써포터즈)가 되어주십시오!

팔복 홈페이지 palbok.Godpeople.com